An einem Morgen Ende Februar, genauer gesagt an einem Aschermittwoch, bricht Axel Braig auf, um sich seinen Traum zu erfüllen: eines Tages loszuwandern und für eine gewisse Zeit frei und unabhängig zu sein. Er will sich allein und mit leichtem Gepäck durch das Land treiben lassen. Doch die Realität holt ihn schnell ein. Als Erstes muss er feststellen, dass so ein Rucksack die Angewohnheit hat, in den ersten Tagen immer schwerer zu werden, dass das Alleinsein wieder gelernt werden muss und die Nächte empfindlich kalt werden können. Doch nachdem er die Anfangsschwierigkeiten überwunden hat, entdeckt er die Schönheiten eines bisher nur scheinbar bekannten Landes aus der Perspektive des Fußgängers vollkommen neu. Insgesamt vier Monate ist Axel Braig unterwegs. Was er in dieser Zeit in den alten und neuen Bundesländern erlebt, hält er tagebuchartig in einer wunderbar bildhaften Sprache fest.

Axel Braig, Jahrgang 1951, im Erstberuf Musiker. Ab 1976 studierte er Medizin und war von 1986 bis 2001 niedergelassener Hausarzt in Tübingen, seitdem freier Autor. Braig ist verheiratet und hat drei erwachsene Töchter. Im Fischer Taschenbuch Verlag sind bisher erschienen: ›Die Kunst, weniger zu arbeiten‹ (zus. mit Ulrich Renz; Bd. 15651) und ›Das Buch der Tugendlosigkeit‹ (Bd. 15894).

Unsere Adresse im Internet: www.fischerverlage.de

Axel Braig

Allein und zu Fuß durch Deutschland

Fischer Taschenbuch Verlag

Originalausgabe
Erschienen im Fischer Taschenbuch Verlag,
einem Unternehmen der S. Fischer Verlag GmbH,
Frankfurt am Main, Juni 2006

Fotos: Privatbesitz des Autors
Satz: Pinkuin Satz und Datentechnik, Berlin
Druck und Bindung: C.H.Beck, Nördlingen
Printed in Germany
ISBN-13: 978-3-596-16093-8
ISBN-10: 3-596-16093-6

Die echte Entdeckungsreise besteht
nicht darin, neue Landschaften zu
suchen, sondern sie mit neuen Augen
zu sehen.

Marcel Proust

Inhalt

Winterreise

Tübingen – Stuttgart – Bietigheim – Besigheim – Lauffen – Eppingen – Heidelberg – Mannheim

Aschermittwoch, den 25. Februar 2004. Eine fahle Wintersonne scheint auf die dünne Schneeschicht im Garten. Mein Rucksack ist gepackt. Endlich mache ich mich auf den Weg.

Meine Frau und meine Töchter begleiten mich noch ein paar hundert Meter, dann bin ich allein. Im Weggehen betrachte ich die vertraute Umgebung schon mit dem distanzierten Blick des Fremden. Wie man es von einem Touristen erwartet, mache ich noch ein Foto der Neckarfront mit dem Hölderlinturm, der Stiftskirche und den mittelalterlichen Häusern am Fluss. Obwohl ich seit 20 Jahren in der Stadt wohne, treffe ich keinen einzigen Bekannten. Ich lese das Motto des Universitätsgründers Graf Eberhard im Barte, das in Goldlettern über dem Eingang des Hauptgebäudes prangt: *Attempto* – ich wage es. Das muss auch für mich gelten.

Seit vielen Jahren hatte ich davon geträumt, einmal loszuwandern und für eine Zeit frei und unabhängig zu sein. Zumindest für eine Weile wollte ich die Bequemlichkeiten meines notorisch sesshaften Lebens hinter mir lassen und die Welt aus der ungewohnten Sicht des Fußgängers betrachten. Statt eingebunden zu sein in einen geregelten Alltag und ein Netz von Familie, Freunden und Bekannten, möchte ich mich ab heute allein und mit leichtem Gepäck durch das Land treiben lassen.

Doch das Gepäck wurde schwerer als geplant. Denn obwohl ich sogar den Stiel meiner Zahnbürste um ein paar Zentimeter gekürzt habe, um Gewicht zu sparen,

wiegt der Rucksack 14 Kilo. Mit dem Näherkommen des geplanten Abreisetermins hatten mich in den letzten Wochen Zweifel beschlichen, ob mir die Verwirklichung meines Traumes die erhoffte Erfüllung bringen würde. Aber nun bin ich froh, dass ich es geschafft habe, mich loszureißen.

Von der Fassade der Unibibliothek blickt der dem Reisen selbst wenig zugeneigte Immanuel Kant streng auf mich herab. In den vergangenen Jahren hatte ich mich intensiv mit philosophischen Schriften beschäftigt und mich gerade in den letzten Monaten redlich bemüht, Kants *Kritik der reinen Vernunft* zu verstehen. Nun werde ich vorläufig keine Weisheit mehr aus Büchern saugen. Die Seiten des einzigen Buches, das ich bei mir trage, sind noch weiß. Ich möchte sie mit Notizen darüber füllen, was ich auf meiner Wanderung sehen und erfahren werde.

Der Hang des Österbergs, an dem wir mit den Kindern zum Drachensteigen und Schlittenfahren waren, glitzert schneebedeckt in der Sonne. Von einer Anhöhe schaue ich noch ein letztes Mal auf das Schloss, dann bin ich im Wald. Das alltägliche Rauschen der Stadt liegt hinter mir, nur der Schnee dämpft jedes Geräusch. Mein gleichmäßiger Schritt klingt wie ein leiser, beruhigender Trommelschlag. In den nächsten Stunden treffe ich keinen Menschen. Beim Gehen wird mir trotz der winterlichen Temperaturen angenehm warm.

Der Beginn meiner Wanderung ist genau so, wie ich ihn mir erträumt hatte. Ganz bewusst hatte ich mich dafür entschieden, im Februar loszugehen. Wahrscheinlich hat mich die Schubert'sche *Winterreise* auf diese

Idee gebracht, denn mit diesen Liedern habe ich mich seit meiner Jugend immer wieder identifiziert. In vergangenen Krisenzeiten spiegelten Schuberts Beschreibungen der kalten Winterlandschaft meine Gefühle von Verlassensein und Trauer wider und vermittelten mir gleichzeitig Trost. Und jetzt folge ich den Spuren dieser sentimentalen Erinnerungen. Ein wenig schaudert es mich, gleichzeitig kann ich mich nicht satt sehen an den Schwarz-Weiß-Schattierungen, den klaren Konturen und der Weite des verschneiten und unbelaubten Waldes.

Ich gehe fast den ganzen Tag, ohne in die Nähe einer Ortschaft zu kommen. Obwohl ich für die heutige Strecke keine Karte dabeihabe, kann ich mich mit Kompass und ungefährer Ortskenntnis in den Wäldern des Schönbuchs gut orientieren. Nur der Rucksack wird mir mit der Zeit immer schwerer. Habe ich doch zu viel mitgenommen? Was trage ich an Überflüssigem mit mir herum? Andererseits muss ich bei der ersten Rast mit Tee, Käse und Wurst feststellen, dass ich ausgerechnet Brot vergessen habe.

Als ich nach sieben Stunden den ersten Vorort von Stuttgart erreiche, bin ich ziemlich erschöpft und noch fast 20 Kilometer vom Stadtzentrum entfernt. Immer häufiger muss ich den Rucksack absetzen. In meiner Begeisterung hatte ich mir für den ersten Wandertag zu viel vorgenommen. Einen Augenblick lang überlege ich, die letzten Kilometer mit der S-Bahn zu fahren. Aber ich würde mir wahrscheinlich nicht verzeihen, meinen eigenen Vorsätzen schon jetzt untreu geworden zu sein. Also gehe ich zu Fuß weiter.

Nach mehr als zehn Stunden komme ich in unserem mittlerweile von meinem Bruder bewohnten Elternhaus an. Vor 30 Jahren bin ich, allerdings ohne Gepäck, von hier aus zu meinem Studienort Tübingen gewandert. Der erste Tag meiner Wanderung war auch ein Weg zurück zu meinem alten Zuhause.

Eigentlich hatte ich geglaubt, mich in meiner Geburtsstadt Stuttgart gut auszukennen. Doch da ich sie nun zum ersten Mal vollständig zu Fuß durchquere, gerate ich immer wieder auf unbekanntes Terrain. Zwar verfolge ich eine bestimmte Richtung, entscheide mich aber im Detail immer wieder für neue Wege. Mal weiche ich vor dem Verkehr in eine ruhigere Nebenstraße aus, mal lasse ich mich durch eine Jugendstilvilla auf einen Abweg locken, und schon fühle ich mich wie in einer fremden Stadt. Zudem verändert die Zeitlupenperspektive des Fußgängers meinen Blick. Selbst einige verblasste Gründerzeitfassaden, an denen ich schon oft achtlos vorbeigefahren bin, zeigen mir heute etwas von ihrer ursprünglichen Pracht.

Eine ungewohnte Distanz empfinde ich zu den Passanten, die routiniert und zielgerichtet ihren Weg gehen. Denn ich muss nirgendwohin und habe es nicht eilig. Als ich eine Mutter beobachte, wie sie ihre trödelnden Kinder genervt antreibt, identifiziere ich mich innerlich mit den Kleinen, obwohl mir die Elternrolle eigentlich viel näher sein müsste.

Gänzlich fehl am Platze fühle ich mich in der Innenstadt mit ihren Fußgängerzonen und den Straßen voller Geschäfte. Ich brauche heute kein Buch und keinen Pullover. Alles, was ich kaufen würde, müsste ich in nächster Zeit mit mir herumschleppen.

Beim Weitergehen gerate ich in das Stadtviertel meiner Kindheit. Wo wir als Kinder noch zwischen den Wohnblocks gespielt hatten, sind die Straßen nun voll geparkt, und ich kann mir kaum vorstellen, wie sorglos wir damals das steile Stück unserer Straße mit dem Roller heruntergerast sind. Nur hundert Meter von unserer früheren Wohnung ist heute wie damals eine kleine Wiese, die wir als Fußballplatz nutzten. Wir waren dort nicht wohlgelitten. Zuerst wurde ein Schild »Betreten des Rasens verboten« aufgestellt, das meine Mutter in einer Nacht einkassierte. Anschließend machte man sich die Mühe, Stacheldraht kreuz und quer über den Platz zu spannen. Auch dieser wurde heimlich von meiner Mutter entfernt. Heute kann ich zu meiner Freude feststellen, dass der Platz hochoffiziell als Bolzplatz ausgewiesen wird.

Zufällig komme ich am Elternhaus meiner langjährigen Jugendfreundin vorbei. Am Klingelschild steht immer noch derselbe Name, also entscheide ich mich spontan für einen kurzen Besuch. Beim Wiedersehen mit den zwei alten Leuten reise ich in eine weit zurückliegende Vergangenheit. Und obwohl ich inzwischen älter bin, als die Eltern meiner Freundin vor über 30 Jahren waren, werde ich in ihrer Anwesenheit für Augenblicke noch einmal der Jugendliche von damals.

Danach verlasse ich vertraute Regionen. Gegen Abend passiere ich eine Müllverbrennungsanlage. Der riesige metallene Baukörper glänzt in der untergehenden Sonne. Von der Spitze des hohen Kamins zieht sich exakt horizontal eine farbige Rauchwolke am Himmel entlang.

Immer wieder erlebe ich rasche Szenenwechsel. Zuerst durchquere ich ein in Stuttgart als sozialer Brennpunkt verrufenes Stadtviertel mit lieblos aneinander gereihten Häuserzeilen aus der Nachkriegszeit. Nur wenig später gehe ich an landschaftlich reizvollen, zum Neckar abfallenden Hängen mit Gartenhäuschen und Weinbergterrassen entlang.

Als die Dunkelheit einbricht, endet mein Weg plötzlich an einer mehrspurigen Schnellstraße. Doch ich sträube mich, eine längere Strecke zurückzugehen. Also mache ich meine Stirnlampe an, die mir ein Freund vor der Abreise geschenkt hat, und drücke mich zwischen Randstreifen und Leitplanke an der Straße entlang. Zum Glück finde ich nach wenigen hundert Metern einen ungefährlicheren Weg.

Wohin gehe ich? Am Abend meines zweiten Tages hatte ich mich noch einmal bei Freunden zur Übernachtung angekündigt. Aber in der nächsten Zeit will ich mich nicht mehr auf vorgeplante Strecken und Tagesetappen festlegen, sondern einfach schauen, wohin mich mein Weg führt. Doch ich stelle schnell fest, dass mir meine absichtsvolle Ziellosigkeit gar nicht so leicht fällt. Es ist ein merkwürdiges Gefühl, ständig neu zu entscheiden, in welche Richtung ich weitergehe. Das ist so ungewohnt, dass ich es nicht allzu lange durchhalte. Als ich in Bietigheim wieder auf den Neckar treffe, nehme ich ohne weiter darüber nachzudenken den Fluss als meinen Wegweiser.

Auf halber Höhe gehe ich durch romantisch vernachlässigte alte Weinberge. Als Wanderer bin ich froh, dass sich eine Rebflurbereinigung hier offensichtlich bisher nicht gelohnt hat. Im Tal sehe ich eine ältere Fabrik, die von einer aus gelben Backsteinen gebauten Arbeitersiedlung umgeben ist. Ein paar durch die Wolken scheinende Sonnenstrahlen nutze ich zu einer Rast im Freien. Doch nachdem sich der Himmel schnell wieder zuzieht, nötigt mich die Kälte zum Weitergehen. Am Abend schaut die Sonne noch einmal ein wenig aus den Wolken heraus und taucht die Landschaft in ein verklärendes Licht. Selbst die riesige, in der Ferne zu sehende Kühlwolke des Atomkraftwerks Neckarwestheim bekommt so ihren Reiz.

Von nahem habe ich dann allerdings einen ganz anderen Eindruck. Die idyllische Landschaft und der verschlafene Ort Neckarwestheim stehen in scharfem Kontrast zu dem hinter Sicherheitszäunen verschanzten Großkraftwerk. Ich erinnere mich an Zeitungsberichte über Sicherheitsmängel in diesem AKW. Unvorstellbar, wie es nach einem Reaktorunfall hier aussehen würde.

Am Fuße von felsigen Weinbergen mit Mäuerchen und steilen Treppen aus handbehauenen Sandsteinen nähere ich mich Lauffen, dem Geburtsort Hölderlins. Im Ort steht ein Denkmal mit der Inschrift: »Friedrich Hölderlin, geboren in Lauffen, gestorben in Tübingen.« Das erinnert mich daran, dass ich mich in den letzten Tagen in Regionen bewegt habe, die Hölderlin damals noch ganz selbstverständlich zu Fuß durchquert hat. In dem kleinen Hölderlinmuseum wird sein Leben als eine Reaktion auf seine schwäbisch-pietistische Herkunft dargestellt. Obwohl ich fast 200 Jahre später geboren bin, habe ich das Gefühl, Hölderlins Geschichte aus meinen eigenen Stuttgarter Jugenderfahrungen immer noch gut nachfühlen zu können. Mich berührt ein kleines Gedicht, das ihm zur Konfirmation gewidmet wurde:

Was hilft Tugend und Vernunft?
Belesenheit und vieles Wissen?
Und mit der scharf gelehrten Zunft
Stets neuen Schluss auf Schlüsse schließen?
Was lernet man am Schluss dabei?
Dass Menschen Weisheit Torheit sei.

Am Abend erreiche ich Brackenheim, den Geburtsort von Theodor Heuss und die größte Weinbaugemeinde Baden-Württembergs. Das Fachwerkstädtchen ist wie ausgestorben. Ich habe meine liebe Mühe, eine offene Gaststätte zu finden. Vergeblich hoffe ich auf einen schwäbischen Rostbraten mit einem Viertel Trollinger. Nachdem ich eine Weile umhergeirrt bin, finde ich endlich einen Italiener, bei dem ich mich mit einer Pizza und einem Chianti tröste. Außerdem ist die einzige Pension des Ortes gerade geschlossen; ich befürchte langsam, trotz zweistelliger Minusgrade im Wald schlafen zu müssen. Erst nach langer Suche kann ich ein Bett auftreiben, in dem ich meine müden Füße ausstrecken kann.

Eine strahlende Sonne leuchtet bei meinem Gang durch den sonntagmorgendlichen Winterwald, aber trotzdem ist es empfindlich kalt. Kein Mensch ist unterwegs, und ich verscheuche nur ein Reh, das ein paar Meter vor mir aufschreckt. Kurz vor elf komme ich in Haberschlacht an, einem in hügeliger Landschaft eingebetteten Weinort, der so aussieht, als sei er gebaut worden, um auf dem Etikett einer Weinflasche abgebildet zu werden. Der Bruder einer Tübinger Freundin ist hier Pfarrer, und ich hoffe, ihn anzutreffen, wie er mit seiner Gemeinde zum Abschluss des Gottesdienstes »Großer Gott wir loben dich« singt. Aber ich habe kein Glück, alles ist ruhig, die Kirche verschlossen und das Pfarrhaus leer. So hinterlasse ich eine kurze Nachricht und ziehe nach Eppingen weiter.

Meine Mutter, Jahrgang 1920, hatte nach dem Abitur ihren Pflichtarbeitsdienst absolviert und sich bei Kriegsbeginn für längere Zeit als Freiwillige verpflichtet. Auf der Hochzeitsanzeige meiner Eltern firmiert sie daher als Obermaidenführerin. Während des Krieges leitete sie bei Eppingen ein Lager für junge Frauen, die in den Orten der Umgebung ihren Arbeitsdienst ableisteten. Aus dieser Zeit hatte sich in den Nachkriegsjahren der Kontakt zu »Onkel Dagobert« gehalten. So nannten wir Kinder den gemütlichen älteren Herrn, bei dessen Familie wir gelegentlich ein paar Ferientage verbrachten. Onkel Dagobert betrieb in Eppingen ein kleines Geschäft. Zusätzlich handelte er mit Heizöl, das er in Fässern auf der Ladefläche seines Dreirads der Marke Opel Blitz bei den Kunden anlieferte. Als sechsjähriger Knirps war ich glücklich, mitfahren zu dürfen. Onkel Dagobert war immer gut gelaunt. Ging es den Berg hinunter, stellte er manchmal den Motor ab, und wir sangen gemeinsam aus voller Kehle.

Was ich als Kind nach und nach aus seiner Vergangenheit erfuhr, übte eine große Faszination auf mich aus. Als eines der ältesten NSDAP-Mitglieder trug er das goldene Parteiabzeichen. Von 1933 bis 1945 amtierte er als Bürgermeister der Stadt, und während des Krieges flog er das Flugzeug von Generalfeldmarschall Rommel. Onkel Dagobert kam mir vor wie Heinz Rühmann als Quax der Bruchpilot, nur noch etwas korpulenter und gemütlicher. Irgendwann hörte ich das Gerücht, dass er in der Reichskristallnacht bei der Zerstörung der Eppinger Synagoge dabei gewesen sein soll. Aber auch das erschien mir als Kind vor allem abenteuerlich. Etwas unheimlich war mir nur, dass mir sein Lachen manchmal etwas zu laut vorkam. Doch bezüglich der Frage, ob er je ein Verbrechen begangen habe, herrschte in meiner Familie eine der Freundschaft geschuldete Schweigsamkeit.

Ich bin gespannt auf das Wiedersehen mit Eppingen. Beim Näherkommen imponiert mir eine markante mittelalterliche Stadtsilhouette mit mehreren Türmen, die immer noch weitgehend einem Merian-Stich aus dem 17. Jahrhundert entspricht. Viele alte Häuser demonstrieren die Baukunst vergangener Jahrhunderte. Schnell stoße ich auf das Stadt- und Fachwerkmuseum mit einer facettenreichen Ausstellung über die Stadtgeschichte. Nur die Nazizeit und das jüdische Leben der Stadt bleiben weitgehend ausgespart. Zwar finde ich ein großes Foto mit jüdischen Familien vor der Synagoge und daneben einen Schaukasten mit Kultgegenständen, aber beides ist im Gegensatz zu fast allen anderen Ausstellungsstücken unbeschriftet. Im Museum wird ein kleiner Stadtführer mit einem geschichtlichen Überblick verkauft. Ein ganzer Abschnitt ist dem Kriegselend des 17. Jahrhunderts gewidmet. Doch die erste Hälfte des 20. Jahrhunderts wird mit einem einzigen merkwürdigen Satz abgehandelt: »Der allgemeine wirtschaftliche Niedergang nach dem Ersten Weltkrieg und die Auflösung des Bezirksamts hemmten die weitere Entwicklung in der Zwischenkriegszeit.« Auch hier herrscht Schweigen über eine dunkle Zeit.

Mit ein paar Blasen an den Füßen hatte ich am Anfang meiner Wanderung gerechnet. Doch nun quäle ich mich seit Tagen zunehmend mit Fußschmerzen, die sich mittlerweile fast so anfühlen, als würde ich direkt mit meinen Knochen auf der Straße gehen. Bei meiner Ankunft in Heidelberg bin ich einigermaßen verzagt.

Bei Freunden bekomme ich während des Abendessens Ringelnatz zu hören:

In Hamburg lebten zwei Ameisen,
die wollten nach Australien reisen.
Bei Altona, auf der Chaussee,
da taten ihnen die Beine weh,
und da verzichteten sie weise
dann auf den letzten Teil der Reise.

Am nächsten Morgen klappere ich in Heidelberg und Mannheim eine ganze Reihe von Geschäften ab, bis ich in Mannheim endlich einen Orthopädieschuhmacher finde, der sich bereit erklärt, mir bis zum nächsten Tag ein Paar Einlagen anzufertigen.

Als Kind war ich häufig hier. Mein Großvater, der aus einem kleinen Dorf in der Mecklenburgischen Seenplatte stammt, hatte sich als Musiker bis zum Mannheimer Nationaltheater hochgearbeitet. Er war stolz auf sein traditionsreiches Orchester, mit dem er unter Erich Kleiber, Wilhelm Furtwängler und Richard Strauss musiziert hatte. Bei unseren Besuchen begleitete ich ihn oft beim Einkaufen durch die im Schachbrettmuster angelegten Straßen der Innenstadt.

Eine noch intensivere Beziehung zu ihm entwickelte ich Jahre später, als kurz nacheinander seine Frau und sein einziges Kind, meine Mutter, starben. Zu meiner Verwunderung beklagte er sich in der folgenden Zeit nicht ein einziges Mal über sein Schicksal. Vielmehr schien der alte Herr entschlossen, trotzdem ein zufriedenes Leben zu führen. Und mit seiner zurückhaltenden Freundlichkeit und einem feinen Humor war er bei den Witwen der Umgebung so beliebt, dass er sich nie über Einsamkeit beklagen musste.

Für seine Lebensphilosophie war eine Geschichte charakteristisch, die er immer wieder mit dem gleichen verschmitzten Lächeln erzählte: Zu einem alten Mann, bei dem es aufs Sterben zuging, kam der Pfarrer und fragte ihn: »Haben Sie nicht noch etwas zu beichten, was Sie in Ihrem Leben bereuen?« Nach einiger Überlegung antwortete er: »In meiner Lehrzeit fragte mich eines Tages die Tochter meines Meisters, ob ich nicht Lust hätte, am Abend mit ihr spazieren zu gehen. Und sehen Sie, Herr Pfarrer, dass ich das nicht gemacht habe, das bereue ich.«

Ein derartiges Bußgespräch blieb meinem Großvater erspart. Seinen letzten Nachmittag verbrachte er beim Kaffee mit einer Nachbarin. Als man ihn am nächsten Morgen leblos in seinem Bett fand, stand in seiner Küche die leere Dose eines Linsengerichts, das er am Abend aufgewärmt und komplett verspeist hatte.

Mit diesen Erinnerungen treibe ich mich durch die Stadt und sehe mir noch einmal das Haus meiner Großeltern an. Aber ich habe heute keinen Spaß daran, alte Erinnerungen aufzufrischen. Sie machen mir vielmehr schmerzlich bewusst, dass mir die Altersweisheit meines Großvaters fehlt. Ich fühle mich, als hätten sich meine Fußschmerzen auf den ganzen Körper ausgebreitet. Mir fällt die Anekdote ein, in der man Sokrates von einem Mann berichtet, der wegen häuslicher Probleme eine Reise unternahm, auf der er aber zu seiner Enttäuschung nicht glücklicher wurde. Doch Sokrates konnte dies nicht überraschen, denn schließlich hatte der Mann ja sich selbst auf seine Reise mitgenommen. Ich beginne, an meinem ganzen Wandervorhaben zu zweifeln. Vielleicht sind die Fußschmerzen ein Ausdruck dafür, dass mein Reiseplan nur ein Hirngespinst ist?

In der Jugendherberge teile ich das Zimmer mit zwei Monteuren, die sich ihr Fertiggericht wärmen und mit ihrem tragbaren Fernseher eine Talkshow ansehen. Ihre alltägliche Zufriedenheit relativiert meinen Weltschmerz.

Das Singen der Loreley

Ludwigshafen – Worms – Oppenheim – Mainz – Rüdesheim – Lorch – Loreley – Braubach – Koblenz – Maria Laach – Bad Breisig

Seit dem Gang über die Rheinbrücke von Mannheim nach Ludwigshafen habe ich die Orte meiner Kindheitserinnerungen hinter mir gelassen. Nun gehe ich schon seit zwei Tagen am westlichen Rand der Rheinebene entlang. In Ludwigshafen habe ich eine Ernst-Bloch-Gedenkstätte besucht und war durch eine etwa hundert Jahre alte Arbeitersiedlung gegangen. In Worms habe ich den Dom besichtigt, dessen Türme gerade wegen Renovierungsarbeiten in Christo-Manier verhüllt sind. Und in einem kleinen Ort bin ich über die Mauer eines jüdischen Friedhofs geklettert, um die Inschriften alter Grabsteine zu studieren. Während dieser Zeit habe ich kaum mit jemandem gesprochen, gerade mal ein paar Worte mit einem Mann gewechselt, der in seinem Weinberg mit dem Schneiden der Reben beschäftigt war. Vor allem aber habe ich mich seit Mannheim Schritt für Schritt von meinem dortigen Katzenjammer entfernt.

Kurz nach Einbruch der Dunkelheit komme ich nach Oppenheim, einem alten Weinort mit einer gotischen Kirche aus rotem Sandstein, die nachts hell erleuchtet über der Stadt steht. Beim Abendessen komme ich mit einem älteren Herrn ins Gespräch, der mir berichtet, wie er bei Kriegsende für mehrere Wochen durch Deutschland gewandert sei. Um der Gefangenschaft zu entgehen, beschaffte er sich einen schwarzen Anzug und eine Bibel und gab sich als Pfarrer aus. Vollkommen ohne Geld, war er ausschließlich auf die Hilfsbereitschaft der Menschen angewiesen. Zur Überquerung der Flüsse musste er große Umwege gehen, denn die meisten Brücken waren zerstört oder von Besatzungssoldaten annektiert. Trotz dieser Widrigkeiten erzählt er begeistert von diesen Wochen und schwärmt, wie sehr er den Frühling in der vom Krieg unberührten Natur genossen habe. Nie mehr im Leben sei er so frei gewesen wie damals.

Endlich wird es ein wenig wärmer, heute ist der erste Tag, an dem ich keine Handschuhe trage. In Nierstein fotografiere ich eine alte Eiche mit einer gotischen Kirche im Hintergrund. Am Pfarrhaus fällt mir ein Schild auf: »Der Platz vor dem Pfarramt ist kein Hundeklo, Pfarrer Dr. S.« Im Weitergehen sinniere ich darüber, für was die Autorität akademischer Titel alles zu gebrauchen ist.
Um die Mittagszeit gehe ich an einer Praxis vorbei, als gerade der Herr Doktor mit der Arzttasche herauskommt und sich eilig zu Hausbesuchen aufmacht. Ich staune, wie fern mir diese Welt heute erscheint, obwohl sie auch für mich 15 Jahre alltäglich war. Dabei hatte ich meine Arbeit als Arzt ja durchaus gerne gemacht. Nur kann ich mir kaum mehr vorstellen, wie ich den Zeitdruck und die vielen gleichzeitig auf mich einstürmenden Anforderungen bewältigt habe. Mein Wanderleben ist dagegen ganz einfach. Morgens packe ich meinen Rucksack und ziehe meine Wanderschuhe an. Dann gehe ich los und habe den ganzen Tag Gelegenheit, die Welt und mich selbst mit offenen Sinnen wahrzunehmen.

Den Vormittag über habe ich mich in der Mainzer Altstadt umgesehen, danach will ich mich aufraffen, weiterzugehen. Aber es sieht so aus, als hätte ich heute kein Glück. Im Rheinhafen gerate ich in eine Sackgasse und muss ein gutes Stück zurück. Dann führt mich mein Weg durch ein hässliches Gewerbegebiet, entlang einer endlos langen, belebten Ausfallstraße. Ich fange an, mich zu fragen, warum ich mir das antue. Aber kurz nachdem ich einen Autobahnzubringer passiert habe, geht es mir schlagartig besser. Ich komme in eine stille Rheinauenlandschaft mit alten Baumriesen und langen Pappelalleen. Immer wieder verlasse ich den Weg und gehe direkt am Sandstrand des Rheins entlang. Hin und wieder klettere ich über die bizarren Formen freigeschwemmter Baumwurzeln. Auf dem Fluss zieht ab und zu gemächlich ein Lastkahn vorbei. Die tief stehende Sonne taucht die Szenerie in ein magisches Licht. Vor kurzer Zeit noch von vorbeirauschenden Autos genervt, genieße ich nun die von häufigen Überschwemmungen geprägte Flusslandschaft.

Im Abendlicht komme ich an eine Imbissstube. Hier will ich mit der auf meiner Karte eingezeichneten Fähre übersetzen und ein Nachtquartier auf der anderen Rheinseite suchen. Doch sie verkehrt nur im Sommer. Zwischen Mainz und Koblenz gibt es keine einzige Rheinbrücke, und bis zur nächsten Fähre müsste ich noch 17 Kilometer stromabwärts gehen.

Ich muss nicht lange überlegen. Die Landschaft begeistert mich so sehr, dass ich auf dieser Seite weiterwill. Obwohl es ziemlich kalt ist, werde ich vielleicht heute zum ersten Mal draußen übernachten.

Beim Weitergehen wirken die Bäume in der Dämmerung immer scherenschnitthafter. Nach Einbruch der Dunkelheit geben mir die Orte der gegenüberliegenden Flussseite hin und wieder etwas Licht. Manchmal brauche ich meine Lampe, um den Weg zu sehen. Müde halte ich Ausschau nach einem Schlafplatz. Aber ich muss noch eine ganze Weile suchen, bis ich endlich eine Hütte mit einem kleinen Vordach finde. Im Schlafsack wird mir schnell warm, und ich schlafe bald ein.

Irgendwann in der Nacht spüre ich etwas Feuchtigkeit auf meinem Gesicht und rücke deshalb näher an die Hüttenwand. Um sechs Uhr werde ich wach, weil über mir eine Lampe brennt. Seltsam, dass das Licht immer wieder aus- und angeht. Niemand ist zu hören. Habe ich vielleicht eine Alarmanlage ausgelöst? Dann sehe ich in der ersten Morgendämmerung, dass ich vollständig eingeschneit bin. Ich bin irritiert und dennoch von der Schneelandschaft fasziniert. Beides spricht dafür, sofort aufzubrechen. Ich packe meine Sachen zusammen und gehe los. Nur die schwarzen Konturen der Bäume zeichnen sich gegen die weiße Landschaft ab, der Nebel über dem Rhein gibt dem Bild noch ein paar Grautöne hinzu. Erst mit zunehmender Helligkeit bekommt alles ein wenig Farbe. Nur ein paar Wasservögel, die ich aufscheuche, durchbrechen die morgendliche Stille. Obwohl ich mich rasch bewege, friere ich. Doch das nehme ich für das Erlebnis der frisch verschneiten Auenlandschaft gerne in Kauf. Kurz vor acht treffe ich einen Jogger, bald darauf bin ich bei der Fähre. Die Zivilisation hat mich wieder.

Nachdem ich mich bei einem Frühstück aufgewärmt habe, gehe ich nach Rüdesheim weiter. Im Sommer herrscht hier deutsche Rhein-Wein-Gemütlichkeit. Bei meiner Ankunft ruht der Ort allerdings noch unter seiner Schneedecke. In der Hauptsaison drängen sich durch die Drosselgasse täglich bis zu 35 000 Touristen an den

Wirtshausschildern, Weingeschäften und Souvenirläden vorbei. Heute bin ich alleine. So kann ich in Ruhe Werbeslogans, Speisekarten und Sinnsprüche in Deutsch, Englisch und Japanisch studieren.

Beim Aufstieg durch die Weinberge belehren mich die Schilder eines Brahms-Pfades, dass sich der mit dem Besitzer eines Weingutes befreundete Komponist mehrmals hier aufhielt. Weiter oben stoße ich dann auf die Reste eines antikisierenden Monopterostempels, den Goethe 1814 besuchte und dabei laut Gedenktafel ergriffen war von der »überaus prächtigen Schönheit des Rheingaus mit Blick von der Nahe über den Donnersberg bis zu dem Odenwald und dem Feldberg im Taunus«. Ich sehe dagegen nur Nebel. So können mich heute auch die auf einem Werbeschild angebotenen Rundflüge mit dem Helikopter über »romantische Burgen, felsige Riffe und Inseln und steile Weinberglagen, so wie Sie es sonst nicht erleben können« nicht locken.

Hoch über dem Rheintal komme ich zu der gewaltigen Germaniastatue des Niederwalddenkmals, das zum Andenken des deutschen Siegs über Frankreich im Krieg von 1870/71 errichtet wurde. Kopf und Oberkörper der Germania werden gnädigerweise immer wieder von Nebelschwaden verhüllt. Aber das Gedicht am Sockel des Denkmals kann ich entziffern, und dabei schließt sich für mich eine seit langer Zeit klaffende Bildungslücke. Denn vor 25 Jahren hatten wir uns als Wohngemeinschaft ausgerechnet im schwäbischen Remstal in einer ehemaligen Gaststätte mit dem Namen »Wacht am Rhein« niedergelassen. Das für diese Gaststätte namensgebende Gedicht lese ich hier zum ersten Mal:

Es braust ein Ruf wie Donnerhall,
Wie Schwertgeklirr und Wogenprall:
Zum Rhein, zum Rhein, zum deutschen Rhein!
Wer will des Stromes Hüter sein?
Lieb' Vaterland, magst ruhig sein,
Fest steht und treu die Wacht am Rhein!

Durch hunderttausend zuckt es schnell,
Und aller Augen blitzen hell,
Der deutsche Jüngling, stramm und stark,
Beschirmt die heil'ge Landesmark.
Lieb' Vaterland, magst ruhig sein,
Fest steht und treu die Wacht am Rhein!

Er blickt hinauf in Himmelsau'n,
Wo Heldengeister niederschau'n
Und schwört mit stolzer Kampfeslust:
»Du Rhein bleibst deutsch wie meine Gruft.«
Lieb' Vaterland, magst ruhig sein,
Fest steht und treu die Wacht am Rhein!

»Und ob mein Herz im Tode bricht,
Wirst du doch drum ein Welscher nicht;
Reich wie an Wasser deine Flut
Ist Deutschland ja an Heldenblut.«
Lieb' Vaterland, magst ruhig sein,
Fest steht und treu die Wacht am Rhein!

»So lang ein Tropfen Blut noch glüht,
Noch eine Faust den Degen zieht,
Und noch ein Arm die Büchse spannt,
Betritt kein Feind hier deinen Strand.«

Lieb' Vaterland, magst ruhig sein,
Fest steht und treu die Wacht am Rhein!

Der Schwur erschallt, die Woge rinnt,
Die Fahnen flattern hoch im Wind:
Zum Rhein, zum Rhein, zum deutschen Rhein!
Wir Alle wollen Hüter sein!
Lieb' Vaterland, magst ruhig sein,
Fest steht und treu die Wacht am Rhein.

Wenig später findet meine Einsamkeit ein jähes Ende. Eine muntere Pfadfindergruppe taucht auf, deren Leiter erklärt, dass bei der Einweihung des Denkmals Anarchisten versucht hätten, dieses samt dem anwesenden Kaiser in die Luft zu sprengen. Aber leider seien die Zündschnüre feucht geworden. Feucht geht es auch bei den Pfadfindern zu. Sie veranstalten eine Bierprobe, bei der einzelne Kandidaten mit verbundenen Augen verschiedene Biersorten erraten sollen. Ich erzähle einer jungen Pfadfinderin, dass bei der Pfadfindergruppe meiner Töchter kein Alkohol erlaubt sei. »Das behaupten alle Pfadfinder«, antwortet sie prompt, »aber die saufen trotzdem alle schlimmer als die Feuerwehr.«

Den Rest des Tages gehe ich auf dem Höhenweg meist durch verschneite Wälder. Wenn der Blick nach unten frei wird, kann ich den Rhein im Nebel erahnen. Erst am späten Nachmittag, bevor ich in Lorch ankomme, zeigen sich ein paar vereinzelte Sonnenstrahlen.

Nach meinem nächtlichen Abenteuer möchte ich heute lieber im Warmen schlafen. Aber die Zimmersuche wird unerwartet schwierig. Obwohl ich weit und breit der einzige Fremde bin, bekomme ich in den Pensionen immer wieder neue Ausreden zu hören: »Wir vermieten im Winter nicht.« »Bei uns ist alles belegt.« »Wir bauen gerade um.« »Ich vermiete keine Einzelzimmer.« Als aus der Dunkelheit kommender, nicht mehr ganz taufrischer Wanderer errege ich Misstrauen. Nachdem ich jahrzehntelang als Familienvater und Arzt bei vielen Gelegenheiten selbstverständlich einen Vertrauensvorschuss genossen habe, mache ich jetzt gegenteilige Erfahrungen. Erst nach einer langen Serie von vergeblichen Anfragen finde ich endlich ein Zimmer und akzeptiere widerspruchslos den völlig überhöhten Preis.

Heute lockt mich ein Wanderprogramm wie aus dem Wanderführer. Die Sonne scheint, und ich habe vom Höhenweg immer wieder schöne Ausblicke auf das zwischen Taunus und Hunsrück eng eingeschnittene Rheintal. Bei Kaub passiere ich die mitten im Fluss liegende weiß-rote Pfalz, eine Zollburg aus dem 14. Jahrhundert. Dann führt der Weg durch romantisch verwilderte Weinberge. Und schon am späten Nachmittag stehe ich auf dem Loreleyfelsen. Während der Fahrt auf einer meiner Lieblingsbahnstrecken durch das Rheintal zwischen Mainz und Bonn bin ich schon oft hier vorbeigekommen und habe nach oben geschaut. Nun genieße ich die umgekehrte Perspektive. Sicher gibt es einige ähnlich spektakuläre Aussichtspunkte am Rhein. Aber Heinrich Heines schaurig-schönes, ironisch-sentimentales Lied von der Jungfrau mit goldenem Haar, die den armen Schiffer becirct, bis ihn die Wellen zu verschlingen drohen, macht diesen Platz zu etwas Besonderem. So zelebriere ich, als ich für einen Augenblick alleine auf dem Felsen bin, mit Inbrunst dieses Lied in der Vertonung des ersten Tübinger Universitätsmusikdirektors Friedrich Silcher.

»Das hat mit ihrem Singen die Loreley getan.«

Auf der benachbarten Freilichtbühne, die schon Joan Baez und Udo Lindenberg als Podium diente, bin ich an diesem Nachmittag erst recht alleine. Als Nachtlager bietet mir die Pächterin des Campingplatzes einen alten Wohnwagen an. Beim Abendessen lerne ich Manfred kennen, einen Endvierziger, der hier für ein paar Monate mit Frau und Hund als Dauergast lebt. Als er erfährt, dass ich für längere Zeit umherwandere, erzählt er mir begeistert, dass er vor 25 Jahren für acht Monate mit Rucksack bis nach Marokko unterwegs war. Er schwärmt von dem Lebensgefühl, das er in dieser Zeit gewonnen hat, und ist davon überzeugt, dass andere, die so etwas nicht erlebt haben, das alles gar nicht nachvollziehen können.

Zum Frühstück lädt mich Manfred in seinen nagelneuen, neun Meter langen Wohnwagen ein. Der Hund ist fußkrank und darf deshalb nicht länger als eine halbe Stunde laufen. Er liegt auf einem Bett in der Mitte des Wagens und bekommt zum Frühstück ein Leberwurstbrot zugeworfen. Später begleiten mich Herr und Hund ein kleines Stück. Zum Abschied versichert mir Manfred, wie sehr er doch eigentlich Lust hätte, mich zu begleiten.

In Braubach frage ich einen Passanten nach dem Aufstieg zum Rheinhöhenweg. »Das ist eine reine Kalorienverschwendung. Gehen Sie doch durchs Rheintal«, erhalte ich zur Antwort. Wie wahr, meine ganze Wanderung ist eine Kalorienverschwendung. Trotzdem bereue ich nicht, unterwegs zu sein. Beim Aufstieg zur hoch über dem Rheintal thronenden mittelalterlichen Marksburg gehe ich durch eine frisch verschneite Märchenlandschaft, die ich mit Begeisterung fotografiere. Erst auf dieser Wanderung habe ich Interesse am Fotografieren entwickelt, und mir gefällt, dass ich dadurch angeregt werde, bewusster zu sehen. Dabei stelle ich überrascht fest, wie sehr meine Stimmungsschwankungen von den wechselnden optischen Eindrücken abhängen.

An der Moselmündung in Koblenz, dem »Deutschen Eck«, wurde 1993 das Reiterdenkmal Kaiser Wilhelms I. wiedererrichtet, das mit seiner Höhe von 37 Metern die Germania des Niederwalddenkmals noch übertrumpft. In einer Marschallsuniform reitet der Kaiser hoch zu Ross, sein Pferd zeigt dem Erbfeind Frankreich das Hinterteil. Am Sockel ist der Satz eingemeißelt: »Nimmer wird das Reich zerstört, wenn ihr einig seid und treu.« Das Denkmal wurde ursprünglich 1897 gebaut, aber Ende des Zweiten Weltkriegs zerstört. Doch ein Koblenzer Unternehmer wollte unsren alten Kaiser Wilhelm wiederhaben und spendete einen Millionenbetrag für den Wiederaufbau. Während ich etwas ratlos dastehe, kommt ein Bundeswehroffizier mit einer Besuchergruppe. Er platziert seine Gäste auf der Treppe und lässt sie von unten mit dem berittenen Kaiser im Hintergrund fotografieren. Dabei erklärt er den Herrschaften: »Das sieht dann sehr martialisch aus.«

Beim Frühstück in der Jugendherberge auf der Festung Ehrenbreitstein lerne ich Amie aus Minnesota kennen, die in den letzten Tagen auf der anderen Rheinseite parallel zu meiner Wanderroute von Bingen nach Koblenz gegangen ist. Als Erstes korrigiert sie lachend einen Fauxpas, den ich auf mein mangelhaftes Englisch schiebe. »Alone« sei sie gegangen, »not lonely«, also allein, aber nicht einsam. Amie ist ein freundlicher Mensch und lacht gerne. Mit den ihrer Meinung nach etwas verbiesterten Deutschen hat sie in den letzten Tagen ihr Spiel getrieben. Sie habe die Entgegenkommenden immer mit einem Lächeln angeschaut und »Guten Tag« gesagt. Und jedes Mal sei sie gespannt gewesen, ob es ihr gelänge, die Leute zu einer freundlichen Erwiderung zu bewegen. Als reichlich merkwürdig empfand sie, wie viele einfach weggeschaut und sich taubstumm gestellt hätten. Gerne hätte ich mich mit Amie noch länger unterhalten. Aber ein Mitarbeiter der Jugendherberge gibt uns ziemlich rüde zu verstehen, dass die Frühstückszeit zu Ende sei, und fordert uns auf, den Speisesaal zu verlassen.

Vom Wetter her scheint mir heute die bisher schwerste Prüfung bevorzustehen. Der Morgen ist immer noch kalt, dazu kämpfe ich mit einem garstigen Wind und eisigem Regen. Doch wenn ich flott gehe, friere ich nicht, und meine Laune ist trotz des Wetters gut. Vom Rhein habe ich mich ein Stück abgewendet, um das Gebiet der Vulkaneifel anzusteuern. Vor 9000 Jahren, also in der Erdgeschichte nur vor wenigen Augenblicken, fand hier der letzte größere Vulkanausbruch Mitteleuropas statt. Was für so viele Plätze in Deutschland zutrifft, gilt auch hier: Goethe war schon da, in diesem Fall, um die Erscheinungen des Vulkanismus zu studieren. Auch ich möchte mir den ehemaligen Vulkankrater ansehen, der heute von dem kreisrunden Laacher See ausgefüllt wird. Auf meinem Weg durch die vom Vulkanismus geprägte

Landschaft gerate ich an die Ränder von riesigen Steinbrüchen und Abraumhalden und habe auf dem matschigen Gelände Mühe, daran vorbeizukommen.

Der Charakter der Dörfer und Städtchen hat sich gegenüber der Rheinebene vollkommen verändert. In den letzten Tagen bin ich immer wieder durch Weinorte gekommen und an vielen Gaststätten mit prächtigen Wirtshausschildern sowie schnuckeligen Fachwerkhäusern mit launigen Sinnsprüchen an den Fassaden vorbeigegangen. Nur wenige Kilometer weiter in der Vulkaneifel ist nun Schluss mit lustig. Viele der älteren Häuser und Kirchen sind aus dunklem Vulkanstein gebaut und machen einen düsteren Eindruck. Sinnsprüche an den Fassaden fehlen vollkommen. Und wenn es Schilder gibt, dann steht darauf: »Parken nur für Patienten der Arztpraxis. Fremde Fahrzeuge werden kostenpflichtig abgeschleppt« oder »Ausfahrt freihalten, auch gegenüber« oder einfach »Kartoffeln zu verkaufen«.

Deshalb bin ich erleichtert, in der Gegend des Laacher Sees in ein größeres Waldgebiet zu kommen. Plötzlich fängt es heftig zu schneien an. Ich kann es kaum glauben, dass ich noch einmal mitten in den Winter gerate. Der frisch verschneite Weg führt durch den Wald aufwärts bis an den Kraterrand. Von dort kann ich im Nebel den See erahnen, an dessen Ufer das Kloster Maria Laach liegt.

Als ich mich der romanischen Klosterkirche nähere, wird gerade zum Abendgottesdienst geläutet. Meinen verschneiten Rucksack stelle ich in der Vorhalle ab und setze mich in die letzte Bankreihe. Mit gregorianischen Gesängen zelebrieren die Mönche die Messe, und bald nimmt mich die feierliche Atmosphäre vollkommen gefangen.

Nach Ende des Gottesdiensts stellt sich mir trotzdem die weltliche Frage eines Abendessens und Nachtquartiers. Auf dem Weg zur Klosterkirche hatte ich nur ein exklusives Hotel gesehen. Ein daneben liegendes Selbstbedienungsrestaurant ist abends geschlossen. Kurz überlege ich, meinen restlichen Tagesetat in ein feines Abendessen im Hotelrestaurant zu investieren, um dann im Wald zu schlafen. Aber nach dem Gottesdienst habe ich eine andere Idee. Ich frage einen mit Mesnerdiensten beschäftigten Mönch nach einem Übernachtungsquartier. Er empfiehlt mir, an der Klosterpforte zu läuten. So bitte ich für eine Nacht um Asyl in dem Kloster, das dem von den Nazis abgesetzten Kölner Oberbürgermeister Konrad Adenauer für ein Jahr Unterschlupf bot. Ein würdiger älterer Herr in Mönchskutte öffnet mir, ist aber von meinem Anliegen offensichtlich nicht begeistert: Man sei einfach zu überlaufen. Als ich nach einem bezahlbaren Quartier in der Umgebung frage, nennt er mir das eine halbe Stunde Fußmarsch entfernte Naturfreundehaus. Ich bedanke mich und erhalte wie zur Belohnung dafür, dass ich mich so problemlos wieder hinauskomplimentieren lasse, zum Abschied noch ein freundliches Schulterklopfen.

Der Gang durch den nächtlich verschneiten Wald ist ein Hochgenuss, und ich bedauere nicht, nochmal losgeschickt worden zu sein. Die Wirtin des Naturfreundehauses jedoch empfängt mich mit Empörung: »Immer das Gleiche, die Mönche von Maria Laach halten fromme Reden, lassen ihr Gästehaus leer stehen und nötigen uns, stattdessen Samariter zu spielen.« Ihr Haus ist mit drei Schulklassen randvoll. Meinen Vorschlag, ich könne auch im Aufenthaltsraum schlafen, lässt sie nicht gelten. »Nein, Sie brauchen ein richtiges Bett.« Ungefragt stellt sie mir ein Abendessen hin, dann will sie mir weiterhelfen.

Während des Essens umkreist mich ein etwa 10-jähriges Mädchen aus gebührender Entfernung. Als ich versuche, Blickkontakt mit ihr aufzunehmen, weicht sie mir aus. Irgendwann fasst sie sich aber doch ein Herz und bietet mir ein Gummibärchen an. Dann ist das Eis gebrochen. Sie beginnt mich auszufragen, und schnell schart sich eine Gruppe von Klassenkameraden um uns, die herausfinden wollen, was es mit mir so auf sich hat. Bald übernimmt ein pfiffiger Junge die Vernehmung und treibt mich mit messerscharfer Kombinationsgabe in die Enge: »Du bist doch gar nicht arm, du hast doch Goldzähne im Mund.« Vor weiteren Enthüllungen bewahrt mich die Wirtin. Sie packt mich in ihr Auto, um mich im Nachbarort in einer Pension abzuliefern, wo ich ein blitzsauberes und spottbilliges Zimmer bekomme.

Beim Frühstück erfahre ich, dass auch meine Gastgeberin auf die Maria Laacher Mönche nicht gut zu sprechen ist. Sie hatte vor vielen Jahren in der vom Kloster betriebenen, inzwischen zum Selbstbedienungsrestaurant umfunktionierten Gaststätte als Bedienung gearbeitet. Dort wurden die Busladungen abgespeist, für die das daneben liegende, ebenfalls unter klösterlicher Regie stehende feine Hotel nicht in Frage kam. Die Frau fühlt sich von den Mönchen, die abends gekommen seien, um die Tagesumsätze zu kontrollieren, um Weihnachtsgeld, Urlaubsgeld und Sozialbeiträge betrogen und hatte damals ihre Arbeit im Zorn aufgegeben. Die Konflikte der Adenauerzeit, in der Heinrich Böll gegen eine an sozialen Fragen nur wenig interessierte katholische Kirche polemisierte, scheinen immer noch aktuell zu sein.

Anschließend gehe ich noch einmal nach Maria Laach und schaue mir das Kloster bei Tag an. Ich bin deutlich weniger andächtig als bei der vorabendlichen Messe, aber immer noch begeistert von den Bauten und der sie umgebenden Landschaft.

Dann gehe ich weiter in Richtung Nordost. Gelegentlich tröpfelt es, es ist ziemlich kalt, aber ich bin zufrieden. Nach zwei Wochen bin ich gut eingelaufen, der Rucksack kommt mir inzwischen viel leichter vor. Mir gefallen der Rhythmus des Gehens und die Möglichkeit, mich dabei in meinen Gedanken zu verlieren.

Alone oder lonely, gerne hätte ich mich in der Koblenzer Jugendherberge mit Amie noch länger über dieses Thema unterhalten. Denn meine Wanderung ist ja auch ein Versuch, meinen Gefühlen des Alleinseins nachzuspüren. Einerseits kenne ich die Angst vor dem Verlassenwerden und die deprimierende Leere der Einsamkeit. Doch im Augenblick überwiegt eine ganz andere Empfindung. Ich erlebe das Alleinsein als etwas Schönes. Ich habe den Eindruck, gut mit mir selbst zurechtzukommen und mir selbst zu genügen. Zwar kann ich dieses Gefühl manchmal auch in Anwesenheit von anderen Menschen empfinden, aber jetzt, da niemand anderes da ist, erlebe ich es intensiver. Mein Alleinsein – »ma solitude«, die Georges Moustaki in einem poetischen Lied als eine eigenständige Person besingt, begleitet mich als eine angenehm vertraute und treue Weggefährtin. Eine

Weggefährtin, die mir Geborgenheit vermittelt und mich nicht verlassen wird, egal, was passiert. Vielleicht sehe ich das in nächster Zeit auch mal wieder ganz anders, aber heute singe ich im Gehen das seit meiner Schulzeit von mir geliebte Moustaki-Lied vor mich hin: »Et si je préférais l'amour d'une autre courtisane, elle sera à mon dernier jour ma dernière compagne.« (Auch wenn ich manchmal eine andere Kurtisane bevorzuge, bleibt sie doch am Ende meine letzte Weggefährtin.) »Non, je ne suis jamais seul avec ma solitude.« (Nein, ich bin nie einsam mit meinem Alleinsein.)

In einem schmucklosen Dorf der Eifel kommt unvermittelt ein Bauer auf mich zu: »Ich möchte Ihnen einen Apfel schenken.« Auf Wanderungen in Griechenland hatte ich hin und wieder eine Orange zugesteckt bekommen. Hierzulande ist dies für mich eine neue Erfahrung.

Durch Adenauers Wohnzimmer

Remagen – Bad Godesberg – Bonn – Brühl –
Köln – Düsseldorf – Kaiserswerth – Duisburg – Essen –
Gelsenkirchen – Bochum – Dortmund

Nach meinem Abstecher in die Eifel bin ich an den Rhein zurückgekehrt. Auf dem Uferweg treffe ich einen anderen Rucksackwanderer. »Dich habe ich schon gestern Abend am Bahnhof von Bad Breisig gesehen«, duzt er mich schon bei der Begrüßung, was ich mir gerne gefallen lasse, da seine Anrede einen freundlich-kollegialen Ton hat. Sein Rucksack ist deutlich kleiner als meiner, aber trotzdem wandert er, wie sich bald herausstellt, schon fünf Jahre durch Deutschland und schläft fast immer draußen. Roland mag gut fünfzig sein und wird von einem drahtigen Mischlingshund begleitet. »Mein Hund kennt keine Wohnung, eine Pension ist bei mir nicht drin.« Bei minus 20 Grad hatte sich Roland einen zweiten Schlafsack besorgt. »Aber der letzte Winter war gar nicht so schlimm. In den Jahren davor war es härter.« Einmal wurde er geweckt, als man glaubte, er sei tot. Manchmal kalkuliert er scharf die Sonderangebote der Bundesbahn durch, um etwas schneller vom Fleck zu kommen, aber sonst ist er immer zu Fuß unterwegs. Seine letzte Wohnung hatte Roland von einem auf den anderen Tag aufgegeben, weil er sich von seinem Sachbearbeiter beim Sozialamt schikaniert fühlte. Der habe ihn immer so von oben herab behandelt und ihm ständig moralische Vorhaltungen gemacht. Zum Schluss bekam er allein schon von dem Gedanken, dort hinzugehen, Herzklopfen. Als er das nicht mehr aushalten konnte, war er eines Tages einfach losgegangen. Und diesen Schritt hat Roland bis heute nicht bereut. Es fällt ihm leichter, seine Stütze immer wieder an verschiedenen

Orten abzuholen, als ständig mit dem verhassten Beamten konfrontiert zu sein. Aber auch sonst nimmt er lieber die Unannehmlichkeiten seines Wanderlebens in Kauf als das Eingeengtsein der Sesshaftigkeit. Ja, irgendwann später möchte sich Roland schon wieder einmal niederlassen, aber vorläufig mag er die Freiheiten seines ungebundenen Lebens auf keinen Fall aufgeben.

An kaum einem Museum komme ich vorbei, ohne wenigstens kurz hineinzuschauen, ob irgendetwas gezeigt wird, was mich berührt. Wenn dies nicht der Fall ist, bin ich schnell wieder draußen. Im Brückenmuseum von Remagen jedoch bleibe ich länger. Zu Beginn des Ersten Weltkrieges wurde bei Remagen über den Rhein eine Eisenbahnbrücke zur Sicherung des Nachschubs für die Westfront gebaut. Nach ihrer Fertigstellung diente sie allerdings zunächst der Abwicklung des Rückzugs der geschlagenen deutschen Armee. Benannt wurde sie nach General Ludendorff, einem der Propagandisten der Dolchstoßlegende, nach der deutsche Juden und Bolschewisten für die Niederlage Deutschlands verantwortlich gewesen seien. Am Ende des Zweiten Weltkriegs stand die Brücke dann für kurze Zeit weltweit im Blickpunkt. Als einzige noch funktionierende Rheinbrücke fiel sie den Alliierten in die Hände. Dem amerikanischen Oberbefehlshaber Eisenhower war sie so wertvoll wie »das Gewicht der Brücke in Gold«. Hitler tobte und ließ fünf für diese Einnahme verantwortliche Offiziere hinrichten. Acht Tage später brach das Bauwerk aber wegen Überlastung zusammen und riss 28 US-Soldaten mit in den Tod. Das in einem ehemaligen Brückenpfeiler eingerichtete Friedensmuseum dokumentiert die Kriegsereignisse, die sich um die Brücke abgespielt haben, die Schicksale der Soldaten beider Seiten, die Bombardierung der Stadt Remagen, die Leiden der Zivilbevölkerung und die katastrophalen Zustände, die bei Kriegsende in dem nahen Kriegsgefangenenlager der Amerikaner herrschten. Alle Schrecken des Krieges werden an diesem einen Ort spürbar.

Als ich durch Unkel komme, frage ich nach dem ehemaligen Wohnhaus von Willy Brandt. Doch das unauffällige Einfamilienhaus aus den 80er Jahren, das man mir zeigt, vermittelt nicht das Gefühl, den Hauch der Geschichte zu spüren. Nur ein paar Kilometer weiter wurde dagegen Konrad Adenauers Haus in Rhöndorf für seine Anhänger zum Wallfahrtsort. Auf einem alten Weinberggrundstück mit Panoramablick über das Rheintal hatte sich Adenauer nach seiner Absetzung als Kölner Oberbürgermeister eine Villa gebaut, in der er während der Nazizeit mit seiner Familie leben konnte und sich der Rosenzucht widmete. Und weil er es sich so schön eingerichtet hatte, lag nach dem Krieg nichts näher, als den Regierungssitz in der Gegend anzusiedeln. So musste der alte Herr nicht mehr umziehen.

Um zu seinem Wohnhaus zu gelangen, muss ich, wie auch Adenauer noch als über 90-Jähriger, erst mal Treppen steigen. Mit der Besuchergruppe eines CDU-Ortsvereins aus der Pfalz gehe ich hinauf durch den terrassierten Rosengarten, vorbei an einer Bocciabahn, einem Gartenpavillon und zahlreichen kleinen Sitzplätzen. Im Haus bekomme ich nicht nur konventionelle bürgerliche Wohnkultur zu sehen. Der Hausherr hatte sich sein Heim mit viel Mühe individuell gestaltet, bis hin zu einer selbst entworfenen indirekten Beleuchtung im Wohnzimmer. Adenauer wusste zu leben, und es ist spürbar, dass es für ihn durchaus auch ein Leben jenseits der Politik gab. Nur wenige, zum Teil originelle Andenken an seine politische Arbeit bewahrte er in seinem Privatbereich auf. So etwa im Frühstückszimmer die Malversuche Winston Churchills und des amerikanischen Präsidenten Eisenhower. Da er das Bild Eisenhowers aber wohl nicht mochte, ließ er es immer nur dann aufhängen, wenn offizieller Besuch anstand.

Die übrigen Erinnerungsstücke sind heute in einem modernen Museumsgebäude am Rande des Grundstücks zu besichtigen. Dort finde ich einen handschriftlichen Brief von Jacqueline Kennedy, die sich im Namen des Gemahls artig für die Gastfreundschaft während des Deutschlandbesuchs bedankt. Plakate erinnern daran, wie die CDU mit Sozialismusangst und der Berufung auf Familienwerte Wähler mobilisierte. Auch die kuriosesten Geschenke für den Kanzler und sämtliche Schleifen der Beerdigungskränze Adenauers werden hier präsentiert.

Bonn begrüßt mich wohlwollend. Die Frühlingssonne lockt die Menschen ins Freie, die Fußgängerzone ist belebt wie eine italienische Piazza, und in den Straßencafés sind fast alle Stühle belegt. Ein paar Plusgrade mehr verändern die Welt. Vor dem Gebäude der UNO fotografiere ich die ersten Frühlingsblumen, die Winterreise der ersten Wochen ist endgültig zu Ende.

Mit nostalgischem Blick sehe ich mir die Überreste der Hauptstadtzeit an und vergleiche sie mit meinen Fernseherinnerungen. Romantisch-provinziell wirkt das ehemalige Wasserwerk, das kurzfristig als Parlamentssitz diente. Der erst kurz vor der Wende fertig gestellte Plenarsaal des Stuttgarter Architekten Behnisch vermittelt von außen nur wenig von der eleganten Transparenz, die mir im Fernsehen imponiert hatte. Die berühmte Zufahrt zum ehemaligen Kanzleramt, die regelmäßig mit ankommenden Limousinen und goldener Henry-Moore-Plastik im Hintergrund zu sehen war, wird gerade umgebaut.

Obwohl mir Musik in meinem Leben immer viel bedeutet hat, habe ich auf der Wanderung nicht einmal ein kleines Radio dabei. Aber bisher habe ich nichts vermisst. Gelegentlich singe ich ein wenig vor mich hin, genieße jedoch meistens die Stille. Doch als ich nach langer Abstinenz wieder einmal Musik höre, überrascht sie mich mit einer ungewöhnlichen Kraft: Im Bonner Beethovenhaus wird während meiner Besichtigung die Klaviersonate »Der Sturm« gespielt. Meine musikentwöhnten Ohren saugen die Klänge auf wie ein trockener Schwamm das Wasser.

In dem Haus, das August Macke als Wohnung und Atelier diente, hoffe ich etwas von der Atmosphäre zu spüren, die den Maler umgab. Besonders reizvoll sind die Einrichtungsgegenstände und Details der Wohnung, die sich auf seinen Bildern wiederentdecken lassen. Leider sind nur wenige Originalarbeiten zu sehen. Am ärgerlichsten finde ich, dass eine gemeinsam mit Franz Marc angefertigte Wandbemalung des Ateliers abgelöst und fortgeschafft wurde. Auch ein anderes Bild sehe ich nur noch als Reproduktion: Es ist dominiert von Grau-

und Schwarztönen und trägt den Titel *Der Abschied.* Macke hinterließ es unfertig auf seiner Staffelei, als er in den Krieg zog. Nur wenige Wochen später fiel er in Flandern.

Mittels Kompass suche ich mir einen Weg aus der Stadt Richtung Nordwesten. Am Nachmittag sehe ich von einer Anhöhe aus immer noch die Hochhäuser von Bonn. Vor mir erkenne ich in der Ferne bereits die Türme des Kölner Doms.

In Brühl, dem Geburtsort von Max Ernst, sind alle Zimmer ausgebucht. Doch das Wetter ist freundlich, sodass ich auf ein Dach über dem Kopf verzichten kann. Ich klettere über die Mauer des Schlossparks und mache es mir auf einer Parkbank bequem. Beim Einschlafen studiere ich den Himmel, und der von der UNO zum Weltkulturerbe erklärte Schlosspark wird mir zum Vielsternehotel. Morgens weckt mich ein Parkwächter. »Haben Sie hier übernachtet?« Mir fällt es schwer, dies abzustreiten. »Haben Sie gefroren?« Nein, mein Schlafsack ist perfekt. »Dann wünsche ich Ihnen noch einen guten Tag.« In Hotels habe ich schon unfreundlichere Behandlung erlebt.

Von der Jugendherberge kommend, lässt sich beim Gang über die eiserne Rheinbrücke schon vieles auf einen Blick überschauen: ein wilhelminisches Reiterstandbild, die mächtige Metallkonstruktion der Bahnhofshallen, die modernen Sheddächer des Museums Ludwig und dazu noch der Dom. Da kann es mich schon fast nicht mehr wundern, dass in ein paar Metern Entfernung auch noch ein großes Mosaik aus der Römerzeit zu sehen ist.

In Köln drängen sich verschiedenste Epochen und Menschen unterschiedlichster Kulturen auf engstem Raum. Auf den Betonsteinen der Domplatte zwischen Bahnhofs- und Kircheneingang begegnen sich Junkies und japanische Touristengruppen, eilige Geschäftsleute im Designeranzug und bettelnde Alkoholiker, Skateboardfahrer und Kopftuch tragende Frauen aus Anatolien.

Selbst der Dom, dessen Fassade auf den ersten Blick so einheitlich aussieht, kaschiert damit nur die Tatsache, dass viele Generationen zu diesem Bau beigetragen haben. Über vier Jahrhunderte stand der Torso mit einem mittelalterlichen Baukran auf dem unfertigen Turm da, bevor im 19. Jahrhundert beschlossen wurde, die Kirche in einer nationalen Kraftanstrengung fertig zu stellen. Selbst Heinrich Heine hatte anfänglich in Paris dafür Geld gesammelt, aber später seine Meinung geändert. In *Deutschland. Ein Wintermärchen* betrachtet er den Weiterbau als einen Ausdruck deutschen Größenwahns.

Für fast zwei Tage tauche ich in das städtische Leben von Köln ein und treibe mich in Museen, Kneipen und Straßen herum. In einem Park schaue ich den vom Frühling ins Freie gelockten Kindern beim Spielen zu. Vor einer Woche wäre ich hier noch alleine gewesen, heute sind die Bänke von jungen Müttern belegt.

Beim Herumgehen auf dem Campus der Universität finde ich an der Fassade eines Gebäudes des Fachbereichs Pädagogik das Graffiti: »Diser Satz enthält drei Feler«. Als ich es fotografisch festhalten will, stürzt ein Mann auf mich zu: »Was fotografieren Sie meine Wohnung?« Verdutzt stammle ich, dass ich das Haus für ein öffentliches Gebäude gehalten hätte, und frage, ob er der Hausmeister sei. »Ja, und deshalb übe ich das Hausrecht aus. Ich fordere Sie hiermit auf, das Grundstück sofort zu verlassen.« Ich gehe auf den öffentlichen Gehweg und kann von dort mit Zoom mühelos mein gewünschtes Foto machen. Er aber folgt mir: »Stellen Sie sofort das Fotografieren ein!« Da ich sowieso nur ein Foto machen wollte, begebe ich mich gerne auf den Rückzug. Auch wenn wir uns bemühen, keine Vorurteile gegenüber bestimmten Berufsgruppen zu hegen, treffen wir immer wieder auf Menschen, die sich redlich Mühe geben, ihnen zu entsprechen.

Der Weg aus der Kölner Innenstadt Richtung Norden zieht sich endlos hin. Im Stadtteil Nippes kann ich mich noch über einige schöne türkische Geschäfte freuen, dann gehe ich über eine längere Strecke an einer lauten Straße entlang. Anschließend bin ich für mehrere Kilometer in einem Industriegebiet. Auf der einen Seite Ford, auf der anderen eine Raffinerie von Esso, am gegenüberliegenden Rheinufer sehe ich die Schornsteine von Bayer Leverkusen. Das alles hätte ich mir durch die Investition von zwei Euro für einen Straßenbahnfahrschein ersparen können. Heute mache ich das sozusagen aus wissenschaftlichem Interesse. Aber allzu oft brauche ich so etwas nicht.

Nach drei Stunden lasse ich endlich den städtischen Bereich hinter mir und gehe wieder einmal direkt am Fluss durch eine ruhige Rheinauenlandschaft. Zum Schlafen breite ich meinen Schlafsack neben einem großen Holzstapel aus. Doch gegen vier Uhr nachts wache ich auf. Es regnet, und ich muss aufbrechen. Wie betäubt tappe ich mit meinem schweren Rucksack durch die Nacht und frage mich wieder einmal, warum ich mir so etwas einbrocke. Wenig später taucht aus der Dunkelheit vor mir ein gleißend hell erleuchtetes Areal direkt am Rhein auf. Beim Näherkommen sehe ich, dass Hunderte von Neonlampen eine große chemische Industrieanlage mit Verladeanlagen beleuchten. Im Nieselregen gehe ich an dem gespenstischen System von Rohren, metallenen Großbehältern und schmutzigen Fabrikgebäuden entlang und sehe keinen einzigen Menschen. Das helle Licht erscheint mir unwirklich und unheimlich. In meinem übernächtigten Zustand fühle ich mich wie in einem psychedelischen Traum. Umso erleichterter bin ich, als ich nach einer halben Stunde endlich wieder in die Nacht der Rheinauen eintauchen kann. Mechanisch und müde gehe ich bis zur Dämmerung vor mich hin. Kurz nach sieben komme ich an eine Rheinfähre und setze über. Die letzte Strecke vor Düsseldorf regnet es noch heftiger. Zum Duschen und Aufwärmen steuere ich ein auf meiner Karte eingetragenes Wellenbad in der Stadtmitte an. Doch der Plan ist zu alt, das Bad längst abgerissen, und an seiner Stelle steht ein Möbelhaus. So bleibt mir nur, meinen Tiefpunkt bei einem kräftigen Frühstück zu überwinden.

Er ist ein deutscher Dichter. Beerdigt wurde er jedoch auf dem Pariser Friedhof Montmartre, nachdem ihm als Juden in Deutschland die Bürgerrechte zeitlebens verweigert worden waren. Und selbst vor wenigen Jahren konnte sich seine Geburtsstadt Düsseldorf erst nach langem politischem Gezänk dazu durchringen, ihre Universität nach Heinrich Heine zu benennen. Aber sein Werk ist längst so populär, dass Heines Lied von der Loreley während des Dritten Reiches als Volkslied eines unbekannten Autors ausgegeben werden musste. Im Düsseldorfer Heine-Museum ist ein ganzer Raum dem Loreleygedicht gewidmet. Dort treffe ich zwei junge Japanerinnen, die eigens nach Düsseldorf gekommen sind, um dem Dichter ihren Besuch abzustatten. Für mich ist die Ausstellung einmal mehr ein Anlass, mich an Heines Widerspenstigkeit, seinem Scharfsinn, seiner Leichtigkeit, seinem Witz und seiner hinter allen diesen Eigenschaften spürbaren Liebe zu freuen.

Mir begegnet ein Satz Heines, der die Merkwürdigkeiten meiner jetzigen Reise auf den Punkt bringt: »Deutschland, das sind wir selber.« Denn was immer ich auf meiner Wanderung durch Deutschland bisher gesehen habe, immer habe ich dabei auch das Gefühl, in einen Spiegel zu schauen. Nichts ist so exotisch, dass ich es einfach von außen ansehen und bewundern könnte. Alles hat Bezüge zu Bekanntem und zu meiner eigenen Geschichte. Nirgendwo auf der Welt kann ich mich über den Irrsinn und die Gedankenlosigkeit der Menschen so ärgern wie hier. Aber nirgendwo kann ich besser ihre Bedingungen, ihre Not, ihre Hoffnungen und ihre Liebe verstehen und dabei nachfühlen, was die Menschen umtreibt. Im Weitergehen kaufe ich mir eine Reclam-Ausgabe von *Deutschland. Ein Wintermärchen*, um es nach vielen Jahren wieder einmal zu lesen.

Mein Freund Reinhard will mich zwei Tage lang auf dem Weg von Düsseldorf nach Duisburg begleiten. Ich bin ein wenig skeptisch, ob er daran Freude haben wird, nachdem mein Weg aus Köln heraus nicht sonderlich vergnüglich war und die Wettervorhersage nichts Gutes verheißt. Er kommt trotzdem. Für den Weg von Stuttgart nach Düsseldorf, auf dem ich drei Wochen lang unterwegs war, braucht er mit dem ICE gerade mal drei Stunden.

An der Rheinpromenade gehen wir flussabwärts. Von Nordwesten bläst ein strammer Wind, gemischt mit einem eisigen Regen. Wir ziehen die Kapuzen der Anoraks fester und trotzen der Witterung wie bei einem Strandspaziergang während einer steifen Nordseebrise. In den kommenden Stunden wechselt das Wetter rasch, zwischendurch scheint die Sonne, dann kommt zur Abwechslung mal ein Graupelschauer. Bald verlassen wir bebautes Gebiet und bewegen uns in der weiten Niederrheinebene. Hin und wieder überholen uns mit Schrott beladene Schiffe.

Obwohl wir uns gegen Abend schon ein gutes Stück von Düsseldorf entfernt fühlen, bewegen wir uns immer noch im Bannkreis der Großstadt. In dem alten Städtchen Kaiserswerth sind die Geschäfte genauso schick wie in Düsseldorf und die Hotelzimmer von Messegästen belegt, sodass wir unsere liebe Mühe haben, unterzukommen. Beim Abendessen sprechen wir über die Möglichkeit, ein Glas als halb voll oder halb leer zu bezeichnen. Denn an dem rauen Wetter des zurückliegenden Tages könnte man allerhand aussetzen. Aber wir sehen die halb volle Seite. Das Erlebnis des gemeinsamen Wanderns vermittelt uns das Gefühl, gemeinsam einen schönen Tag verbracht zu haben.

Nachdem ich mich seit Mannheim zwei Wochen lang am Rhein orientiert hatte, wende ich mich in Duisburg nach Osten ab, um das Ruhrgebiet zu durchqueren. Schließlich will ich auf meiner Wanderung nicht nur die idyllischen Seiten Deutschlands sehen. Doch mein erster Tag entlang der Ruhr entwickelt sich zu einem gemütlichen Spaziergang durch ein beschauliches Flusstal. Im Abendlicht spiegeln sich die am Ufer stehenden Bäume romantisch im Wasser, vom Kohlenpott finde ich keine Spur.

Als Erstes begegnet mir in Essen die herrschaftliche Seite des Ruhrgebiets. Umgeben von einem englischen Park thront am Rand von Essen die Villa Hügel mit einem weiten Blick über das Ruhrtal. Die frühere Residenz der Familie Krupp, die an italienische Renaissancevillen erinnert, überbietet ihre Vorbilder zumindest an Größe. Ägyptischen Sphinxen ähnelnde schwarze Metallfiguren bewachen den Eingang der Villa. Über den Park verteilt stehen die Denkmäler von Mitgliedern der Stahldynastie.

Erst im Ruhrlandmuseum erfahre ich etwas über die Arbeiterkultur des Ruhrgebiets. Die Lebensumstände der Kumpel um 1900 sind zum Museumsobjekt geworden. An den in Formalin eingelegten Staublungen kann ich den Kohlestaub wenigstens noch in der Vitrine studieren. Die sozialen Auseinandersetzungen der Arbeiterschaft mit den Arbeitgebern und der staatlichen Obrigkeit begegnen mir als geschichtswissenschaftliche Themen. Der Arbeitsplatz des Hauers und die enge Wohnung der kinderreichen Bergarbeiterfamilie sind museal ästhetisiert. Einige alte Filme über die Arbeit in Fabriken erinnern mich an Charlie Chaplins *Moderne Zeiten*.

Was bleibt vom Kohlenpott übrig? Auf meinem Weiterweg bewege mich auf der *Route Industriekultur*, zu deren Stationen eine Broschüre mit Entdeckerpass führt, der an den einzelnen Industriedenkmälern abgestempelt werden kann. Die zum Weltkulturerbe erklärte Essener

Zeche Zollverein demonstriert vom Bauhaus geprägte Industriearchitektur. Wenn ich mir den Kohlestaub und einen ohrenbetäubenden Lärm dazudenke, kann ich bei der Führung durch die verlassenen Gebäude noch etwas von den Arbeitsbedingungen der Kumpel erahnen. Die Bahnstrecke, auf der die Kohle von der Zeche abtransportiert wurde, ist längst asphaltiert. Sie dient mir als Wanderweg, auf dem ich kreuzungsfrei und mit gewissem Abstand zum modernen Ruhrgebietsleben nach Gelsenkirchen komme. Dort besteige ich in der Dämmerung die Halde Rheinelbe, die dem Touristen jetzt als Aussichtspunkt offeriert wird. Auf dem Gipfel der Halde hat ein Künstler aus mächtigen Betonblöcken eines ehemaligen Zechengebäudes eine turmartige Skulptur errichtet. Rundum rauchen nur noch wenige Schornsteine. Neben den übrig gebliebenen Fördertürmen prägen die Masten von Überlandleitungen das Landschaftsbild. Blau erleuchtet strahlt unter mir die Fußballarena von Schalke 04.

Erst in der Gegend von Dortmund wird mein Klischee vom Ruhrgebiet wenigstens in Ansätzen von der Realität bestätigt. Neben frisch gestrichenen Häusern fallen an manchen älteren Gebäuden umso mehr die noch schmutzig grauschwarz verrußten Fassaden auf. Die durch die Bodenabsenkungen der darunter liegenden Bergwerksstollen verursachten Risse in den Häuserwänden sind zum Teil nur notdürftig repariert. An einigen Straßenecken finde ich noch die aus alten Tatort-Krimis vertrauten Zeitungskioske mit Bierausschank. Und ich treffe auf eine Schrebergartenkolonie, die sich auf ihrem schnörkelig verblassten Schild über dem Haupteingang mit dem Namen »Grüne Lunge« schmückt.

… weiter bis ans Meer

Nordkirchen – Münster – Osnabrück – Nienburg – Rethem – Walsrode – Schneverdingen – Hamburg – Bad Oldesloe – Lübeck – Travemünde

Von Dortmund aus verlasse ich das Ruhrgebiet in Richtung Norden. An der ehemaligen Zeche Minister von Stein sehe ich noch einmal einen Förderturm, doch er wurde mittlerweile in ein modernes Bürogebäude als Architekturzitat raffiniert integriert. Meine vorläufig letzte Ruhrpottreminiszenz ist ein Abstecher zu der unter Denkmalschutz stehenden Bergarbeiterkolonie Eving, deren Backsteingebäude mich an Modellhäuschen einer Spielzeugeisenbahnanlage erinnern. Nichts mehr mit dem Bergbau zu tun haben die rauchenden Schornsteine und Halden, an denen ich wenig später vorbeigehe. Sie gehören zu einer großen Müllverwertungsanlage.

Dann wird die Landschaft münsterländisch, ländlich und endlos flach. Zwischen großen, mit Entwässerungskanälen durchzogenen Wiesen stehen vereinzelt Gutshöfe. Mein Blick richtet sich immer häufiger zum Himmel, denn die Wolkenbilder verändern sich rascher als die Landschaft, durch die ich gehe.

Am Morgen hatte ich mir überlegt, dass ich in den nächsten zwei Tagen bis Münster kommen könnte. Nun bemerke ich allerdings, dass dieses konkrete Ziel mich dazu verleitet, ein Tempo zu gehen, das ich nicht den ganzen Tag durchhalten könnte. »Du bist zu hektisch«, diese Mahnung meiner Familie klingt mir in den Ohren. Ich erinnere mich daran, dass meine Reise eine Chance ist, dies ein wenig abzulegen. So konzentriere ich mich darauf, das Gehtempo zu finden, bei dem ich mich am wohlsten fühle. Und siehe da, es funktioniert. Ich gehe langsamer und komme trotzdem gut voran.

»Was, Sie kennen Nordkirchen nicht?« Mein Zimmerwirt kann kaum glauben, dass ich noch nie etwas von dem Ort gehört hatte, dessen Schloss als das Versailles Westfalens bezeichnet wird. Tatsächlich überrascht mich die Pracht des backsteinbarocken Wasserschlosses, das sich ein Münsteraner Fürstbischof Anfang des 18. Jahrhunderts bauen ließ. Zahlreiche verwitterte Statuen geben dem ausgedehnten Barockgarten eine verwunschene Note.

Beim Abendessen im gut besuchten Wirtshaus staune ich, dass mich meine eintägige Wanderung zu einem so deutlich anderen Menschenschlag geführt hat. Während ich in Dortmund noch den beschwingten rheinländischen Einfluss zu spüren glaubte, geht es hier gewichtiger zu, und ich bekomme eine ganz neue Sprachmelodie zu hören.

Wie kommt ein Picasso-Museum ausgerechnet nach Münster? Noch erstaunlicher ist allerdings, dass der Mann, der dies initiierte, durchaus kein Millionenerbe ist, sondern vielmehr ein westfälischer Dickkopf. Als Gert Huizenga vor fast 50 Jahren seine erste Picasso-Graphik erwarb, arbeitete er noch als Gebrauchsgraphiker in der Nähe von Münster. Später kam er unter anderem durch Kontakte zu Picassos langjähriger Geliebten Marie-Thérèse Walter zu weiteren Arbeiten. Damit hatte Huizenga seine Lebensaufgabe gefunden. Wie ein Briefmarkensammler den Besitz einer kompletten Markenserie anstrebt, so entwickelte er den Ehrgeiz, Picassos graphisches Werk möglichst vollständig zu besitzen. Mit sturer Beharrlichkeit, Sachverstand, kriminalistischem Spürsinn und großem Geschick hat Huizenga dieses Ziel erreicht. Deshalb kann in dem 2000 eröffneten Museum in Wechselausstellungen jeweils nur ein Teil der über 800 Arbeiten umfassenden Sammlung gezeigt werden.

An einzelnen Graphikserien wird mir der Entstehungsprozess von Picassos Kunst deutlich. Die Drucke verschiedener Stadien eines Motivs zeigen, wie er eine Bildidee schrittweise weiterentwickelt und einzelne Charakteristika seiner Motive immer deutlicher herausgearbeitet hat.

Seit ich das Ruhrgebiet verlassen habe und die Landschaft norddeutsch flacher, dünner besiedelt und reizärmer geworden ist, fühle ich mich stärker auf mich selbst zurückgeworfen. Das ist nicht nur unangenehm. Ich spüre, dass ich meinen Rhythmus habe und dass ich gut eingelaufen bin. Aber ich empfinde auch gelegentlich – und dies das erste Mal seit vielen Jahren – so etwas wie Langeweile und Einsamkeit. Nein, diese Gefühle beherrschen mich nicht, und so verrückt es klingen mag, ich habe mich seit langer Zeit fast danach gesehnt, sie einmal zu empfinden. Oft habe ich in der Vergangenheit aus dem ICE heraus in die Landschaft geschaut und davon geträumt, dort draußen alleine vor mich hinzugehen und Lange-Weile zu empfinden. Nun ist es so weit. Ich kann heute gehen, so lange und wohin ich will. Niemand drängt mich, keiner erwartet mich. Das ist schön und ein wenig traurig. Beides.

Kurz nach Ladbergen treffe ich zwei Pensionäre aus Hessen, die in der Gegend ein paar Tage lang Wandertouren machen. Im Gespräch kommen bald die Fragen: »Wo kommen Sie her? Wo gehen Sie hin?« Ersteres kann ich leicht beantworten und ernte Respekt. Mit Letzterem tue ich mich schwer. Ja, ich hatte mir öfter die Deutschlandübersichtskarte angeschaut und überlegt, dass ich vielleicht im Westen bis zur Nordsee gehen könnte, dann Richtung Osten und von dort wieder gen Süden. Aber andererseits wollte ich auf keinen Fall einer vorgeplanten Reiseroute nachgehen. Ich möchte mich nicht zum Sklaven meines eigenen Plans machen, sondern will gerade erfahren, wohin ich komme, wenn ich mich ein wenig treiben lasse. Aber die Fragen machen mich unsicher. Habe ich stillschweigend meinen ursprünglichen Plan aufgegeben und gehe meinen Weg doch schon mit der Vorstellung einer bestimmten Route? Ich weiß es selbst nicht so genau und antworte daher etwas ausweichend: In den Norden will ich gehen, möglichst bis nach Hamburg, vielleicht auch weiter bis ans Meer. Dann werde ich sehen, wie es weitergeht.

In der Jugendherberge von Osnabrück teile ich das Zimmer mit einem auf den ersten Blick etwas finster wirkenden Mann. Doch er kommt sofort freundlich auf mich zu, gibt mir die Hand und stellt sich als Edward aus Georgien vor. Edward ist eigentlich Geschichtslehrer. Da er in seiner Heimat in diesem Beruf aber nur etwa 60 Euro monatlich verdienen würde, hat er sich darauf verlegt, Autos in Deutschland zu kaufen, nach Georgien zu bringen und dort wiederzuverkaufen. Manchmal, so berichtet er mir, kann er bei so einer Fahrt 1000 Euro Gewinn machen. Das letzte Mal sei er aber gerade mal plus minus null rausgekommen.

Osnabrück wirbt für sich als Friedensstadt, zum einen, weil hier der Westfälische Friede geschlossen wurde, der den Dreißigjährigen Krieg beendete. Zum andern wird damit an den hier geborenen Autor des Antikriegsromans *Im Westen nichts Neues* Erich Maria Remarque erinnert. Das frühlingshaft sonnige Wetter lockt die Menschen endlich mal wieder auf die Straßen und lässt mir die schön renovierte Altstadt lebendig und freundlich erscheinen.

Vor ein paar Jahren hatte mich in Berlin Daniel Libeskinds Gebäude des neuen jüdischen Museums mit dem Grundriss eines zerbrochenen Judensterns beeindruckt. In Osnabrück treffe ich nun auf Libeskinds erstes realisiertes Bauwerk, ein Museum für den Maler Felix Nussbaum. Nussbaum wurde 1904 als Sohn großbürgerlicher jüdischer Eltern in Osnabrück geboren. Die Machtübernahme der Nazis erlebte er noch als hoffnungsvoller Stipendiat der deutschen Akademie Villa Massimo in Rom. Kurz darauf wurden in seinem Berliner Atelier 150 Bilder durch einen Brand vernichtet, und er musste nach einem politisch motivierten Streit die Villa Massimo verlassen. In den folgenden Jahren lebte Nussbaum im Exil in Italien und Belgien, heimatlos und fast ohne Resonanz für sein künstlerisches Schaffen. Nachdem 1940 die Deutschen in Belgien einmarschiert waren, wurde er zunächst in dem Lager St. Cyprien in Südfrankreich interniert. Doch er konnte fliehen und verbrachte die Jahre bis Mitte 1944 mit seiner Frau im belgischen Untergrund. Im Juni 1944 wurde das Ehepaar verhaftet und am 31. Juli 1944, fünf Wochen vor dem Einmarsch der Alliierten, mit dem letzten Deportationszug nach Auschwitz verschleppt und umgebracht.

In seinen stilistisch an den Surrealismus erinnernden Bildern in vorwiegend dunklen Braun- und Grüntönen spiegeln sich Nussbaums Lebensumstände wider. In den Jahren nach 1933 überwiegt der Ausdruck menschlicher und künstlerischer Isolation. Ab 1940 beschäftigen sie sich mit dem Schock des Lageraufenthaltes. Später wird Nussbaums Malerei zum Tagebuch der Ängste und Bedrohungen des im Versteck vor den Nazis lebenden Juden. Am Ende bleibt nur noch Hoffnungslosigkeit, die sich 1944 in Titeln wie *Die Verdammten* äußert. In seinem letzten Bild *Triumph des Todes* spielen Skelette lärmend zum Totentanz der abendländischen Kultur auf. Nussbaum wird zum Maler des jüdischen Schicksals.

Die Architektur Daniel Libeskinds erzählt dieses Schicksal mit baulichen Mitteln. Seine expressive, kompromisslos karge Ästhetik korrespondiert eng mit der Malerei Nussbaums. Nur wenig Tageslicht erhellt das Innere des in extreme Formen zerstückelten Baukörpers aus rohen Betonplatten. Schiefe Böden, Wände, Decken und Fenster verunsichern den Besucher, groteske Grundrisse erschweren die Orientierung. So verengt sich ein dunkler, langer Ausstellungsraum immer weiter, bis ich mich kurz vor seinem Ausgang dicht an einem kleinen, schwach beleuchteten Bild vorbeidrücken muss. In einem anderen Raum bin ich allein, trotzdem höre ich plötzlich Stimmen und Tritte aus der Nähe – der darüber liegende Ausstellungsraum ist nur durch einen Metallrost, auf dem andere Besucher gehen, abgetrennt.

Von Felix Nussbaum ist der Satz überliefert: »Wenn ich untergehe, lasst meine Bilder nicht sterben.« Durch den Bau des Osnabrücker Museums ging wenigstens dieser Wunsch in Erfüllung.

Für meinen Weiterweg habe ich mir einen markierten Wanderweg auf dem bewaldeten Höhenkamm des Wiehengebirges ausgesucht. Hin und wieder wird zwischen den Bäumen der Blick ins flache Land frei. Den ganzen Tag komme ich durch keine einzige Ortschaft. Um mir Wasser zu besorgen, mache ich einen Umweg zu einem Gehöft. Mitten im Wald überrascht mich ein Soldatenfriedhof aus dem Ersten Weltkrieg. Rund um einen sorgfältig gepflegten Kiesweg sind die kleinen Grabsteine im Kreis angeordnet, im Mittelpunkt steht ein mannshoher Gedenkstein. Seine Inschrift wurde in jüngster Zeit akkurat mit frischer Farbe erneuert: UNSEREN GEFALLENEN HELDEN – SIE STARBEN FÜR DEUTSCHLAND – FÜR UNS! Daneben lese ich SEID EINIG, EINIG, EINIG! und DEUTSCH SEIN HEISST TREU SEIN!

In vielen Orten sind mir in den letzten Wochen ähnliche Kriegerdenkmäler begegnet. Oft wurde der Text aus der Zeit des Nationalsozialismus nach dem Zweiten Weltkrieg nur durch die Zahlen 1939–1945 ergänzt. Sicher spiegeln diese Inschriften meist nicht die Meinung der Leute wider, die diese Stätten heute pflegen. Aber ich habe mich immer gewundert, warum die ursprünglichen Inschriften in jüngerer Zeit nicht ergänzt wurden. Selbst in einer Kirche, in der ich aus aufgestellten Plakatwänden schließen kann, dass die Gemeinde sich über die Ungerechtigkeit und Not in der Dritten Welt viele Gedanken macht, fand ich im Eingangsbereich in Stein gemeißelt eine erschreckende Kombination von nationalistischer Parole und Bibelzitat: »Kämpfend für die Freiheit des Vaterlandes gingen sie in die ewige Freiheit.« Und: »Sei getreu bis in den Tod, so will ich dir die Krone des Lebens geben.« Das Gedenken an die Opfer des Krieges erschöpft sich in festgefrorenen Floskeln, als würde ein Weiterdenken das Andenken an die Gefallenen beleidigen. Wie wohltuend empfand ich dagegen, als ich auf einem Kriegerdenkmal in Essen das Graffiti entdeckte: »Nie wieder Krieg.«

Von Stolzenau gehe ich bei grauem Himmel und Nieselregen los. Der geteerte Weserradweg ist keine besonders attraktive Wanderstrecke, oft führt er ein längeres Stück geradeaus durch kahle Felder. Hin und wieder stehen ein paar Sträucher am Wegesrand, ich sehe nur wenige Bäume, stattdessen umso mehr Masten von Überlandleitungen. Trotzdem bin ich gut gelaunt und marschiere ruhig vor mich hin. Die Osterferien haben begonnen, so sind außer mir immerhin einige Radfahrer unterwegs.

Gegen Mittag komme ich an einen Ort mit einer Windmühle, der mich mit dem Schild »Herzlich willkommen in Landesbergen« begrüßt. Vor der Mühle steht ein großes Plakat »Mühle heute geöffnet. Kaffee und Kuchen 1,50 Euro«. Da komme ich gerade recht. Ein paar Damen tragen Tortenplatten auf, die Tische sind gedeckt. Doch bevor ich ein Wort herausbekomme, sagt mir eine Frau im Vorbeigehen: »Wir haben noch viel zu tun.« Die Begehrlichkeit scheint mir auf die Stirn geschrieben, denn kurz darauf wird eine andere noch deutlicher: »Vor zwei Uhr gibt's nix.« So muss ich mich also mit den verborgenen Schätzen meines Rucksacks zufrieden geben.

Am Nachmittag reißen die Wolken auf. Die Luft ist glasklar. Am blauen Himmel treibt der Wind die Wolken rasch vor sich her. Das Licht wechselt ständig. Ich versuche die Atmosphäre fotografisch festzuhalten und dabei alte niederländische Gemälde mit der flachen

Landschaft am unteren Bildrand und dem leuchtenden Wolkenhimmel im Zentrum nachzuahmen.

Kurz vor Rethem an der Aller gerate ich in einen Platzregen. Um etwas abzutrocknen, drücke ich mich anschließend in einem Supermarkt herum. Zum Glück finde ich im Ort eine günstige Pension. Beim Abendessen serviert mir der Wirt eine riesige Portion, um danach besorgt zu fragen, ob ich auch satt geworden sei. Die anderen Gäste sorgen dafür, dass mir nicht langweilig wird. An einem Tisch sitzen ein paar junge Aussiedler. Die Mädchen sind auffällig gestylt und unterhalten sich lebhaft auf Russisch mit deutschen Einsprengseln wie »echt« oder »affenstark«. Ihre männlichen Begleiter dagegen wirken bedrückt und tragen nur wenig zur Unterhaltung bei. In einer Ecke spielen drei Männer Skat. Ich amüsiere mich im Stillen über die bekannten Sprüche, wie »herzlich lacht die Tante«, ohne dass ich Lust hätte, selbst mitzuspielen. Im Nebenzimmer tagt eine Parteiversammlung.

Auf einem Radweg, der durch einen Grünstreifen von der Straße abgetrennt ist, gehe ich an der kerzengeraden Bundesstraße entlang, die durch die Moorlandschaft vor Walsrode führt. Den Lärm der an mir vorbeibrausenden Autos versuche ich auszublenden. Plötzlich bekomme ich einen Schlag von hinten und werde in den Straßengraben geschleudert. Als ich zu mir komme, sehe ich ein rotes Auto davonfahren.

Wie durch ein Wunder bin ich unverletzt. Vor wenigen Jahren war ich Zeuge eines Unfalls, bei dem eine Frau zu Tode kam, weil ein Autofahrer von der Straße abkam. Aber offensichtlich haben mein Rucksack und die dahinter befestigte Isomatte wie ein Puffer gewirkt und mich vor größerem Schaden bewahrt. Nur der Regenüberzug ist zerrissen. Auf dem Grünstreifen zur Straße hin kann ich die Spuren des Autos vor und nach dem Zusammenprall verfolgen, doch von einer Bremsspur ist nichts zu sehen. Auf dem Radweg liegt der abgerissene Seitenspiegel des Wagens.

In den nächsten Sekunden schießen mir eine Menge Fragen durch den Kopf. War das ein Unfall, vielleicht weil der Fahrer sich eine Zigarette anzünden wollte und für einen Augenblick unaufmerksam war? Aber warum hatte er dann nicht wenigstens gebremst und fuhr einfach weiter? Oder war das vielmehr ein böswilliger Anschlag? Ich versuche mir verzweifelt zu überlegen, wen ich mir in den letzten Tagen zum Feind gemacht haben könnte, aber mir fällt absolut niemand ein. Oder hatte der Fahrer in mir einen Tippelbruder gesehen, dem er eins auswischen wollte, ganz spontan und aus purem Sadismus?

Über mein Handy rufe ich die Polizei an. Für die beiden Beamten des Streifenwagens bin ich ein Routinefall, außerdem bin ich unsicher, ob sie mir meine Geschichte überhaupt glauben. Ich muss ein Formular ausfüllen und werde gefragt: »Wollen Sie Strafanzeige stellen? Aber machen Sie sich keine großen Hoffnungen, dass wir den Fahrer jemals ermitteln können.« Beim Wegfahren bitte ich sie noch, den abgerissenen Spiegel als eventuelles Beweisstück mitzunehmen. Zum Abschied wünscht mir einer der Beamten noch einen schönen Urlaub.

Die Polizisten hinterlassen mich in einer merkwürdigen Stimmung. Ich bin nicht aufgeregt, nicht erleichtert, nicht deprimiert. Ich betrachte mich selbst wie aus der

Ferne. Der Unfall ist mir sogar viel gleichgültiger, als er es wäre, wenn ich erfahren würde, dass einem Bekannten so etwas zugestoßen ist. Trotzdem weiß ich nicht, was ich jetzt machen soll. Soll ich irgendjemanden anrufen, um zu erzählen, was mir gerade passiert ist? Aber warum sollte ich andere mit dieser Geschichte beunruhigen? Da mir nichts Besseres einfällt, setze ich meinen Rucksack wieder auf und marschiere weiter, als wäre nichts passiert.

Wenig später will mir in Walsrode eine ärmlich aussehende Frau Geld geben. Für die mitmenschliche Geste bin ich dankbar, daher bemühe ich mich, das Geld abzulehnen, ohne sie zu kränken. Andererseits erschreckt mich, dass ich offensichtlich ziemlich heruntergekommen aussehe.

Eigentlich wollte ich heute nur bis Walsrode gehen. Aber nach dem Zusammenstoß fühle ich mich zu unruhig, um kurz nach 18 Uhr schon in einem Haus zu sitzen. Deshalb gehe ich weiter. Bald folge ich einem Schild »Hermann-Löns-Grab«. Nach einem Gang durch eine unwirtliche und zersiedelte Gegend komme ich bei Einbruch der Dunkelheit an einen Zaun, hinter dem die Heidelandschaft beginnt. Es sieht so aus, als habe man diese schöne Landschaft rund um das Grab des Dichters inszeniert, damit er nicht erfährt, wie sich die umliegende Welt seit seinem Tod verändert hat. Nur die bestens angelegten Wege erinnern daran, dass dieser Ort eine Touristenattraktion ist. Heute Abend aber bin ich hier mit ein paar Hasen allein und kann mich von der Natur bezaubern lassen. Bald finde ich das Grab und ein wenig weiter auf einem kleinen Hügel ein Denkmal mit der Inschrift:

Laß Deine Augen offen sein
Verschlossen Deinen Mund
Und wandle still so werden Dir
Geheime Dinge kund

Am liebsten würde ich hier übernachten. Eine Weile gehe ich herum und suche vergeblich nach einem Dach über dem Kopf. Noch während ich mir überlege, meine Isomatte in der Heide auszurollen, fängt es an zu regnen, also muss ich weiter. Im nebligen Dunkel taste ich mich durch den immer stärker werdenden Regen. Bald bin ich so triefend nass, dass ich mich in keine Pension mehr trauen würde. Vergeblich hoffe ich auf eine Waldhütte. Endlich taucht aus der Nacht ein bewohntes Gehöft auf, ein paar Meter davor eine Scheune mit einem großen Vordach. Als ich mich dort ein wenig umsehe, springt der Bewegungsmelder an. Wird er mich vertreiben? Zum Glück gibt es eine Ecke, die bewegungsmelderfrei ist. Mit Mühe finde ich zwischen allerlei Gerümpel einen kleinen trockenen Platz. Halb unter einem Anhänger liegend, mache ich es mir bequem.

Mein Schlafsack wärmt mich auf, trotzdem kann ich bei anhaltendem Dauerregen in dieser ungemütlichen Umgebung fast nicht schlafen. Irgendwann will ich wissen, wie lange die Nacht noch dauert, und krame mein Handy aus der Tasche. Es ist kurz nach fünf. Sekunden später kommt ein laut bellender Hund vom Wohnhaus auf die Scheune zu. Offensichtlich habe ich ihn durch den Lichtschein meines Handy-Displays auf mich aufmerksam gemacht. Ich klammere mich starr vor Schreck an dem Anhänger fest. Der Hund bleibt ein paar Meter vor mir stehen und bellt weiter. Doch nach einer Weile dreht er um und geht zum Haus zurück. An Schlaf ist nun nicht mehr zu denken. Gespannt warte ich auf die Dämmerung. Dann packe ich alles möglichst lautlos zusammen. Ich nehme mein Pfefferspray in die eine, den Stock in die andere Hand. Für den schlimmsten Fall klappe ich mein Taschenmesser auf und stecke es griffbereit in die Tasche. Aber beim Weggehen höre und sehe ich keinen Hund mehr.

Ich bin erleichtert und gerädert. Der gestrige Unfall und die Missgeschicke der vergangenen Nacht stecken mir in den Knochen, das waren die bisherigen Tiefpunkte meiner Reise. Aber ich will mich dadurch nicht einschüchtern und entmutigen lassen. Ich möchte einem verrückten Sadisten keine Macht über mich zubilligen und rede mir ein, dass ich diese Episode schnell vergessen werde. Jedenfalls will ich glauben, dass ich das Schlimmste jetzt hinter mir habe.

Während meine Gedanken im Kopf kreisen, kommen mir die Felder heute eintönig vor. Vermutlich bin ich für landschaftliche Reize gerade nicht aufnahmefähig. Doch vielleicht hat die Umwandlung von Heidelandschaft in Ackerland dieser Gegend tatsächlich ihre Schönheit genommen. Erst im Laufe des Tages werde ich durch den stetigen Rhythmus meines Schrittes langsam zufriedener. Beim Gang durch hohe Mischwälder gefällt mir die Welt am Nachmittag endlich wieder besser. Am Abend finde ich in Schneverdingen problemlos ein günstiges Zimmer bei einer freundlichen Wirtin. Ein Abendessen brauche ich heute nicht. Kurz nach acht Uhr lege ich mich ins Bett und schlafe zwölf Stunden am Stück.

Im Frühstücksraum meiner Pension am Rande des Naturparks Lüneburger Heide finde ich, was ich im Ruhrgebiet vergeblich gesucht habe: Ruhrpott aus erster Hand. Am Nachbartisch sitzt ein lebhafter 76-Jähriger aus Herne, der seit 1951 als Kumpel unter Tage war. In den ersten Jahren arbeitete er als Hauer und musste die Kohle, so wie ich es im Bergbaumuseum in Bochum gesehen hatte, mit dem Presslufthammer aus den höchstens 150cm hohen Flözen heraushauen. Wegen der Hitze im Stollen schuftete er immer in kurzer Hose und mit bloßem Oberkörper. »Zehn Liter hat man da in einer Schicht schnell getrunken und wieder weggeschwitzt.« Mit der Zeit führte die Arbeit zu gesundheitlichen Problemen. Aufgrund des ständigen Lärms unter Tage leidet er heute an einer ausgeprägten Schwerhörigkeit. Die Schultergelenke wurden durch die Stöße des Presslufthammers schwer geschädigt. Nach einer Knieoperation wurde ihm endlich eine sitzende Tätigkeit an einer Maschine zugeteilt. Erst als nach 21 Jahren eine Staublunge hinzukam, war Schluss mit der Untertagearbeit. Für einige Jahre fand er noch eine Stelle als Hausmeister. Auf die Frage, wie er die Zeit im Bergbau überlebt habe, weiß er eine einfache Antwort: »Da drunten hatte ich einen Schutzengel. Das hat aber nichts mit der Kirche zu tun.« Vom Papst will er nichts wissen. »Der behängt sich mit Gold und Edelsteinen, während Jesus in Lumpen herumging. Aber den Schutzengel habe ich mit eigenen Ohren gehört. Einmal hat er zu mir gesagt: ›Schau nach oben.‹ Und da sehe ich, wie sich der Fels über mir bewegt. So konnte ich noch zurückspringen. Sonst hätte der Stein mich platt gemacht wie eine Briefmarke.« Rückblickend ist der alte Herr mit seinem Leben zufrieden »Nur schade, dass meine Frau schon tot ist.« Zum Abschied sagt er mir: »Man muss Glück haben im Leben. Und ich habe immer Glück gehabt.«

Beim anschließenden Wandern durch den Naturpark Lüneburger Heide auf herrlich weichem Waldboden wird mir erst klar, was ich in den letzten Wochen meinen Füßen mit dem häufigen Gehen auf Asphalt angetan habe. Ich gehe wie auf Watte.

Der Herr aus der Pension hatte mir einen Umweg über den so genannten Totengrund empfohlen, da dies der schönste Teil des Naturparks sei. Auf einer Informationstafel lese ich, dass die Bezeichnung Totengrund daher rührt, dass sich eine landwirtschaftliche Nutzung in diesem wasserarmen Trockental nicht gelohnt habe. So konnten Anfang des 20. Jahrhunderts zwei Privatleute eine größere Fläche günstig kaufen und damit die Grundlage des Naturparks schaffen. Selbst die Panzer, die den Park nach dem Zweiten Weltkrieg als Übungsgelände benutzten, haben in dieser abgelegenen Ecke offensichtlich wenig Schaden angerichtet. Ich bin begeistert von dieser postkartenschönen Landschaft und mache eine Menge Bilder, die wahrscheinlich nie jemand sehen will.

Da klingelt mein Handy. Die Polizei in Walsrode hat mit Hilfe des abgebrochenen Spiegels den Fahrer des Wagens ermittelt, der mich angefahren hatte. Der Polizeibeamte berichtet, der junge Mann, ein Anfänger, habe bei der Vernehmung Rotz und Wasser geheult. Er sei aus Nachlässigkeit von der Straße abgekommen und dann in Panik weitergefahren. Ich bin dankbar, dass die Polizei die Sache offensichtlich doch ernst genommen hat, und froh zu erfahren, dass der Zusammenstoß kein sadistischer Anschlag auf einen vermeintlichen Tippelbruder war. Meine in den letzten Tagen etwas labile Stimmung verbessert sich merklich und beflügelt mich, noch ein gutes Stück Richtung Hamburg zu gehen.

In den vergangenen Tagen hatte ich mich innerlich immer stärker auf Hamburg als Ziel fixiert. Nach der langen einsamen Wanderung durchs Flachland mit vielen wegen des kühlen Wetters noch ziemlich menschenleer erscheinenden Orten bin ich sozial ausgehungert. Aus meiner vor fast 30 Jahren in Hamburg verbrachten Zeit sind mir einige Kontakte zu alten Freunden geblieben, und ich freue mich darauf, bekannte Gesichter zu sehen. Schon am Morgen habe ich das Gefühl, dass es nicht mehr weit sein kann. Ich gehe durch Orte mit einem kleinen alten Kern, umgeben von Einfamilienhäusern der ins Umland gezogenen Hamburger. Aber der Blick auf die Karte macht mir klar, dass ich noch ein gutes Stück vor mir habe.

Als ich gegen Mittag eine Rast machen will, bin ich frustriert, weil ich lange keinen Platz finde, an dem ich mich niederlassen kann. Sogar an einer Bushaltestelle mit Wartehäuschen gibt es keine Sitzmöglichkeit. Ich schimpfe innerlich vor mich hin, dass man in Deutschland mindestens ein Kännchen Tee für vier Euro bestellen muss, um das Recht zu erkaufen, sich für eine Weile an einem Ort mehr oder weniger gemütlich aufhalten zu dürfen. Da werde ich prompt durch eine gegenteilige Erfahrung besänftigt. Vor dem Standesamt in Helmstorf steht eine wunderbar weiß gestrichene Bank, umrahmt von einer perfekt gestutzten Buchsbaumhecke. Hier lasse ich mich nieder und setze mich für ein Selbstauslöserfoto in Szene.

Schließlich komme ich zu den großen Elbbrücken, die ich mit Auto und Eisenbahn schon oft überquert habe. Erst als Fußgänger kann ich von hier aus die Stadtsilhouette von Hamburg richtig würdigen.

In Hamburg kann ich endlich ohne Rucksack durch die Straßen gehen und den Menschen bei ihren Alltagsgeschäften zusehen. Als ich mir das Haus, in dem ich während meiner Hamburger Zeit gewohnt habe, ansehe, frage ich mich, inwiefern ich noch derselbe Mensch wie damals bin.

In der Kunsthalle betrachte ich den würdigen Herrn in Caspar David Friedrichs *Wanderer über dem Nebelmeer* mit den kritischen Augen eines Wandererkollegen. Mit ihrem feinen Gehrock kommt mir die heroische Gestalt auf dem Felsgipfel eher wie ein Pianist vor, der später mit der *Appassionata* vors Publikum treten will. Ich frage mich, wie er in dieser Kleidung überhaupt auf den Berg gekommen ist. Außerdem bemängele ich, dass er offensichtlich sein Gepäck vergessen hat. Aber natürlich ist mir dabei klar, dass dies alles nur die neidvollen Gefühle eines Wanderers sind, der es nicht geschafft hat, sich über die Wolken zu erheben, sondern in den letzten Tagen mit den Mühen der Ebene zu kämpfen hatte.

Abends spaziere ich durch St. Pauli. Unglaublich, wie viel Liebe die ansehnlichen Damen am Hans-Albers-Platz für 30 Euro versprechen. Ein auf jeden Fall reelles Vergnügen gibt es 20 Meter weiter. In einer überfüllten Bierkneipe bietet ein Sänger mit Gitarre die Hits der 60er bis 80er Jahre inklusive Refrain zum Mitsingen dar. Allerdings ist nur *fast* alles wie damals. Was früher mit Herzblut empfunden wurde, wird jetzt mit postmoderner Ironie zelebriert. Das gefällt mir. Nach sechs Wochen des Wanderns durch zum Teil wenig bevölkerte Gegenden genieße ich die Nähe der sich amüsierenden Menschen.

Ich hatte befürchtet, dass mir der Weg durch die Vorstädte beim Verlassen von Hamburg schwer fallen würde. Zudem habe ich am Morgen meine Landkarte liegen gelassen. Aber alles wird gut. Ich orientiere mich mit Hilfe der an den U-Bahn-Haltestellen ausgehängten Übersichtspläne und finde so meinen Weg durch ruhige Villenviertel Richtung Norden. Überall beginnen die Bäume zaghaft zu grünen, langsam wechselt das Wetter von leichtem Nieselregen zu zarter Frühlingssonne. In einem kleinen Flusstal treffe ich Osterspaziergänger. Um die Mittagszeit bin ich an der Stadtgrenze. Ich fühle mich fit und habe Spaß daran, heute ein gutes Stück voranzukommen. Über Ahrensburg und Bargteheide suche ich mir einen Weg parallel zur Bahnlinie. Weshalb mir die letzten Kilometer so schwer fallen, wird mir klar, als ich am Abend in Bad Oldesloe ein Straßenschild sehe: Hamburg 42 Kilometer.

Bei meiner Ankunft in Lübeck gerate ich in die große backsteinerne Marienkirche. So geht es mir wie einem 20-jährigen Wanderer, der vor fast 300 Jahren nach einem Fußmarsch von 450 Kilometern verstaubt und erschöpft hier ankam. In der Kirche traf der junge Fremde den Domorganisten Dietrich Buxtehude beim Orgelspiel an. Nachdem er eine Weile zugehört hatte, stieg er zu ihm auf die Orgelempore. Als Buxtehude ihn im Gespräch nach seinem Namen fragte, soll sich der junge Mann der Legende nach an die Orgel gesetzt haben, um mit einer Improvisation über die Töne B-A-C-H zu antworten. Obwohl Bach von seiner Organistenstelle in Arnstadt eigentlich nur vier Wochen Urlaub hatte, blieb er vier Monate. Der 70-jährige Buxtehude entwickelte ein fast väterliches Verhältnis zu dem jungen Kollegen, und Bach erwog ernsthaft, sich um seine Nachfolge zu bewerben. Doch mit der Anstellung wäre die Verpflichtung verbunden gewesen, Buxtehudes 30-jährige Tochter zu ehelichen. So zog er es nach langem Zögern vor, wieder nach Arnstadt zurückzukehren, um dort seine junge Base Maria Barbara zu heiraten.

Von Lübeck sind es nur noch 20 Kilometer bis ans Meer. Auf den letzten Kilometern fühle ich mich von der Küste magisch angezogen. Als ich in der Trave eine der gewaltigen Skandinavienfähren sehe, schmecke ich schon die salzige Meerluft. Die letzten Meter gehe ich auf einem schmalen Trampelpfad durch den Dünensand. Dann setze ich mich an den Strand und schaue lange auf den weiten Horizont.

Neuland

Boltenhagen – Wismar – Rerik – Heiligendamm – Bad Doberan – Ahrenshoop – Prerow – Zingst – Barth – Güstrow – Krakow – Waren – Userin – Rheinsberg

Mit gemischten Gefühlen wechsle ich heute in die neuen Bundesländer. Ich bin neugierig, was mich erwartet, aber gleichzeitig ist mir ein wenig bange. Mehrfach hatte man mich in letzter Zeit gewarnt, dass es gefährlich sei, im Osten alleine herumzuwandern. Das hat mich doch etwas verunsichert, obwohl ich derartige Befürchtungen eigentlich für unsinnig halte.

Vor der ehemaligen Grenze muss ich noch durch eine Wochenendsiedlung. Die Häuschen stehen eng beieinander. Alle denkbaren baulichen Absonderlichkeiten mit Lauben, Sichtschutzzäunen, Zierteichen und Gartenzwergen sind zu finden. Die Sommersaison steht vor der Tür, überall wird gehämmert und gebastelt. Am Ende der Siedlung beginnt der Osten mit einem Waldgebiet. Nur mit Mühe finde ich Überreste der ehemaligen Grenze, die Fundamente eines Wachturms und ein paar Betonmasten der alten Bogenlampen. Der Weg ist frisch geteert, am Rand steht ein Felsblock mit der Inschrift »Nie wieder geteilt«, daneben ein Schild mit dem Wappen von Mecklenburg-Vorpommern, das ist alles. Auf einer Informationstafel über das sich anschließende Naturschutzgebiet heißt es, dass sich »aufgrund der jahrzehntelangen extensiven bzw. fehlenden Nutzung« in diesem Gebiet besonders viele bedrohte Tier- und Pflanzenarten erhalten haben. Etwas weiter entfernt öffnet sich die Schneise des ehemaligen Todesstreifens. Anschließend gehe ich am kilometerlangen Sandstrand entlang. Hinter mir sehe ich noch eine ganze Zeit das Hochhaus des Maritim-Hotels von Travemünde, Richtung Osten ist die Küste vollkommen unbebaut.

Um die Mittagszeit wird mir mit wachsendem Hunger klar, dass ich in meiner Sorglosigkeit am Morgen nicht daran gedacht habe, mich mit Proviant zu versorgen. Alleine von der Schönheit der Natur kann ich nicht satt werden. Aber bevor der Hunger mich übermannt, tauchen vor mir ein Sonnenschirm und ein Schild mit der Eisreklame »Schleck dir eins« auf. Es weist auf eine mobile Imbissbude hin, die ich direkt hinter den Dünen finde. Hier wird meiner Not abgeholfen. Ich bin weit und breit der einzige Kunde, so hat der Betreiber, ein ehemaliger Seemann, genügend Muße, mir seine Geschichte zu erzählen. »Die beste Zeit für die Seefahrt war noch vor der Wende. Als danach fast alle Schiffe unter Billigflaggen fuhren, stimmte bald das Geld nicht mehr, und durch die immer kürzeren Liegezeiten in den Häfen hat man von der Welt sowieso nichts mehr gesehen.« Mitte der 90er Jahre machte er mit der Seefahrerei Schluss. Danach war er jahrelang arbeitslos, bis er im vergangenen Jahr die Imbissbude hinter den Dünen eröffnete. Sein Start wurde durch einen langen heißen Sommer erleichtert und durch einen am Ufer gestrandeten Wal, der die Leute hierher lockte. Aber wie wird es weitergehen? Heute kann er jedenfalls nicht viel erwarten, und er hat sich nur auf den Weg zu seiner Bude gemacht, um vom Wohnzimmersofa runterzukommen. Als ich ihn frage, was er von den Ich-AGs hält, lacht er nur bitter.

Stundenlang gehe ich abwechselnd am Strand oder den Weg auf den Dünen entlang und schaue auf die Weite des Meeres. Den ganzen Tag lang sehe ich kaum ein

Haus. Nur auf einem ehemaligen Militärgelände mit durchlöchertem Zaun stehen ein paar Gebäude auf einer Anhöhe direkt über der Küste. Viele Fensterscheiben sind eingeschlagen, die Wände mit Graffitis übersät, ein eiserner Wachturm rostet vor sich hin. Das macht die Szene schon fast wieder romantisch. Gegen Abend gibt die flach stehende Sonne der Landschaft noch einen zusätzlichen Glanz.

Kurz nachdem die Sonne hinter mir im Westen im Meer untergegangen ist, komme ich nach Boltenhagen. Dort erfährt meine nach der herrlichen Strandwanderung gehobene Stimmung einen empfindlichen Dämpfer. Die Nähe der westlichen Hansestädte hat in dem früher sicher beschaulichen Ort einen Goldrausch ausgelöst. Auf zahlreichen Werbetafeln werden exklusive Apartments angepriesen. Das ist kein gutes Omen für meine Quartiersuche. Und in der Tat verlangen die Vermieter weit mehr, als ich in meinem schwäbischen Geiz zu zahlen bereit bin. So gehe ich erst einmal zum Abendessen. Die gut situierten Hamburger an den Nachbartischen scheinen den verschwitzten Wanderer zu ignorieren, aber das tut meinem Appetit keinen Abbruch. Anschließend mache ich es mir am Strand zwischen zwei Strandkörben bequem. Bei dem beruhigenden Rauschen des Meeres schlafe ich bald ein, um erst am Morgen von der aus dem Wasser aufsteigenden Sonne sanft geweckt zu werden.

Samstag, der 17. April. Das Wochenende und die wärmende Frühlingssonne locken einige Leute an den Strand. Einige FKKler proben schon den Sommer. Ein paar ganz Verwegene trauen sich sogar für einen Moment in die eiskalte Ostsee. Ich lasse mich von den Frühlingsgefühlen anstecken und genieße die Küstenlandschaft. Bis Wismar brauche ich keine Karte und muss mir über den Weg keine Gedanken machen. Ich gehe geradeaus, immer am Strand entlang.

Erst vor wenigen Tagen hatte ich mich in Lübeck für die historische Altstadt als einem einzigen großartigen Freilichtmuseum begeistert. Auf den ersten Blick kommt mir Wismar nun wie die kleinere Schwester von Lübeck vor. Die Nachkriegsgeschichte hat in beiden Städten jedoch ganz unterschiedliche Spuren hinterlassen. Wie gewaltig dieser Unterschied ist, kann ich am deutlichsten am Schicksal der Kirchen sehen. Sowohl in Lübeck als auch in Wismar wurde ein großer Teil der herrlichen alten Backsteinkirchen während des Krieges stark beschädigt. Aber während in Lübeck fast alles mit großem Aufwand wiederaufgebaut und restauriert wurde, erlitten die drei Wismarer Hauptkirchen ein ganz anderes Schicksal. Dort, wo die Marienkirche stand, Wismars größtes Gotteshaus, parken heute Autos. Denn das DDR-Regime hatte die Kirche nach den Schäden des Kriegs zunächst verfallen lassen und dann 1960 gesprengt. Nur der 80 Meter hohe Turm blieb von der vergangenen Pracht übrig. Das Gewölbe von Wismars zweiter Hauptkirche St. Georgen stürzte noch kurz nach der Wende bei einem Sturm ein. Ihr Wiederaufbau ist gerade in vollem Gange. Nur die St.-Nikolai-Kirche überstand als einzige Krieg und DDR-Zeit weitgehend unbeschadet. In ihrem prächtigen Innenraum sind nun die Kostbarkeiten der beiden anderen Kirchen untergebracht. Wismars reiche Kirchenkunst der vergangenen 700 Jahre drängt sich in der St.-Nikolai-Kirche auf engstem Raum. Doch durch die provisorische Präsentation habe ich das Gefühl, dass ich hier selbst etwas entdecken kann. Nichts ist perfekt, vieles ist spannend und überraschend.

Bei meinem Gang durch Wismar kann ich auf Schritt und Tritt miterleben, wie hier manches noch im Fluss ist, was im Westen längst seinen festen Platz gefunden hat. Direkt am Marktplatz wurden die Häuser bereits so makellos wie in Lübeck renoviert, aber eine Straße weiter ist noch vieles im Entstehen. Neue Geschäfte werden mit großem Aufwand eröffnet, daneben sehen die Häuser noch aus wie zu DDR-Zeiten. Einige Fassaden alter Bürgerhäuser müssen abgestützt werden, und manches Haus steht noch zum Verkauf. Überall wird heftig gearbeitet. Das Leben ist eine Baustelle. Mir gefällt es, dass dies in Wismar noch deutlich spürbar ist.

Heute früh herrscht Dauerregen. Obwohl man mich für verrückt halten könnte, mache ich mich trotzdem auf den Weg. Aus Wismar heraus orientiere ich mich mit dem Kompass nach Nord-Osten. Doch bald ist mir ein Zaun im Weg, dahinter eine Bahnlinie. Ein paar Meter weiter frage ich einen Gleisarbeiter, wie ich hier weiterkommen könnte. »Eigentlich gar nicht, aber kommen Sie mal her.« Er führt mich zu einer Lücke im Zaun und geht mit mir über die Gleise. »Eigentlich gar nicht, aber …«, so stelle ich mir vor, haben sich die Menschen zu DDR-Zeiten das Leben gegenseitig erträglich gemacht.

Da es am Meer entlang keinen direkten Weg gibt, ziehe ich heute über die Dörfer. An deren Rändern stehen jeweils ein paar nach der Wende gebaute Einfamilienhäuser, sonst tragen sehr viele Gebäude noch das triste DDR-Grau. Einige ehemalige landwirtschaftliche Produktionsgenossenschaften modern vor sich hin, zum Teil werden die Gebäude wenigstens provisorisch genutzt. Mittags hört der Regen endlich auf. Touristische Sehenswürdigkeiten erwarte ich heute nicht, also gehe ich einfach behaglich meinen Weg. Zum Glück habe ich genügend Vorräte im Rucksack, denn den ganzen Tag komme ich an keinem einzigen Lebensmittelgeschäft und keiner Gaststätte vorbei. Dafür hält ein Autofahrer an, als ich kartenlesend an einer Wegkreuzung stehe, und erklärt mir ausführlich, wie ich weitergehen kann. Nachmittags führt mich der Weg zufällig durch Heidekaten, eine kleine Künstlerkolonie. Die Häuser sind phantasievoll hergerichtet, und in einigen Gärten stehen Skulpturen. Am Spätnachmittag bin ich ungefähr 30 Kilometer gegangen und habe eigentlich genug. Doch ein Quartier ist nicht in Sicht, und da es sich mittlerweile wieder eingeregnet hat, kann ich auch nicht daran denken, draußen zu übernachten. So gehe ich wohl oder übel weiter. Triefnass und erschöpft komme ich endlich in Rerik wieder an die Ostsee. Hier gibt es Pensionen, aber wer will schon einem nassen Pudel wie mir ein Quartier geben? Doch ich bin schon mit meiner ersten Anfrage erfolgreich. Mehr noch: Der Pensionswirt reduziert sogar aus Mitleid mit meinem jämmerlichen Aussehen den üblichen Pensionspreis. So ist nach einer warmen Dusche die Welt für mich wieder in Ordnung.

Auf den ersten Blick hat das Ostseebad Rerik den Boom nach der Wende gut überstanden. Es gibt keine größeren Hotels oder Apartmentburgen. Der Ort wirkt beschaulich, ein hübscher Fischerhafen liegt in Richtung des flachen Salzhaffs hin, das durch die Halbinsel Wustrow vom Meer abgetrennt ist. Von einem etwa 20 Meter hohen ehemaligen Wehrhügel in den Dünen überblicke ich einen kilometerlangen Sandstrand. In der Kirche aus dem 13. Jahrhundert, für die ich bei der aparten, aber offensichtlich sehr beschäftigten Pfarrerin den Schlüssel bekomme, überrascht mich eine stimmungsvolle und farbenprächtige ländlich-barocke Ausmalung.

Aber auch in dieser Idylle ist die Gefahr der Kommerzialisierung nicht fern. Dabei richtet sich die Begierde der westlichen Investoren auf die mit Rerik durch eine schmale Landbrücke verbundene 12 Kilometer lange Halbinsel Wustrow. Dieses zwischen Ostsee und Salzhaff gelegene Naturparadies wurde 1933 von der deutschen Wehrmacht erworben und zur größten Flak-Artillerie-Schule des Deutschen Reichs ausgebaut. Nach 1945 setzte sich die militärische Nutzung durch die russische Armee fort. Die Hoffnung, dass diese Landschaft nach der Wende endlich wieder der Allgemeinheit zugänglich wird, wurde durch den Verkauf an eine private Investorengruppe zunichte gemacht. Man erzählt mir, dass auf Wustrow eine private Oase für Betuchte mit Yachthafen und Golfplatz eingerichtet werden soll. Der Kleinstadt Rerik bleibt womöglich der Durchgangsverkehr.

Ich marschiere weiter Richtung Osten an dem schier unendlichen Strand. Kilometerlang treffe ich nur vereinzelte Strandgänger. Die Sonne scheint, zum Glück war das Regenwetter des vergangenen Tages nur eine kurze Episode. Um die Mittagszeit erreiche ich Kühlungsborn. Schon der Name lässt ahnen, dass die Nationalsozialisten ihre Finger im Spiel hatten, als sie drei Orte unter dieser Bezeichnung zusammenschlossen. Hier wurden vor 120 Jahren die Strandkörbe erfunden, die mittlerweile mehrreihig am Meer stehen. Ich komme an einigen alten Strandhotels vorbei. Aber die zahlreichen Neu- und Anbauten der letzten Jahre begeistern mich nicht sonderlich. Daher erlebe ich den Ort eher als eine lästige Unterbrechung meines Strandspaziergangs und bin froh, als ich mich wieder in freier Natur bewegen kann. Über dem hohen Ufer führt mich der Weg durch mächtige Buchenwälder mit durch den Seewind bizarr geformten Bäumen.

Am späten Nachmittag bin ich in Heiligendamm. In einer Buchhandlung in Wismar war mir ein Bildband mit betörend schönen Fotos der vollkommen weißen Gebäude des ersten deutschen Seebades in die Hände gefallen, der mich neugierig gemacht hatte. Auch in der Realität sehen die aufs Meer blickenden Hotelanlagen großartig und unwirklich wie eine Filmkulisse aus. Das 1816 eingeweihte »Empfangs-, Gesellschafts-, Tanz- und Speisehaus« gleicht einem antiken Tempel. Die goldene Inschrift über den dorischen Säulen der Restaurantterrasse wurde von einem Professor der klassischen Philologie verfasst: HEIC TE LAETITIA INVITAT POST BALNEA SANUM. (Hier erwartet dich Freude, entsteigst du gesundet dem Bade.) Vermutlich dachte er dabei nicht in erster Linie an Menschen wie mich. Denn schon im 19. Jahrhundert war Heiligendamm ein Ort für die Crème de la Crème, und nach einem Dornröschenschlaf während der DDR-Zeit soll nun wieder an die alte Tradition angeknüpft werden. Vor einem Jahr eröffnete in den perfekt renovierten Gebäuden das mondäne Grand Hotel Heiligendamm, ein romantischer Traum für Millionäre. Für den

dahergelaufenen Wanderer wirkt das Ambiente eher einschüchternd und steril. Etwas wehmütig sehe ich mir einige noch nicht renovierte, patinabehaftete Nebengebäude an. In einem dieser Häuser stören sogar noch die bunt bemalten Scheiben einer Kindertagesstätte die sonst einheitlich weiße Pracht. Vermutlich aber nicht mehr lange, denn ich kann mir kaum vorstellen, dass im Konzept der neuen Herren von Heiligendamm für eine solche Nutzung Platz ist. Einen Augenblick lang überlege ich, mir im Hotelrestaurant einen Kaffee zu bestellen, ziehe es aber dann doch vor, Personal und Gästen diese Peinlichkeit zu ersparen. Später erzählt mir eine Frau von Plänen, überhaupt das ganze Gelände und den Strand von Heiligendamm für die Allgemeinheit zu sperren, da sich die feinen Gäste vom gemeinen Volk gestört fühlen.

Auf einer langen Lindenallee parallel der nostalgischen Dampfeisenbahnlinie »Molli« gehe ich nach Bad Doberan weiter.

Schöne Tage sind schlecht, um darüber zu schreiben. Was gibt es schon zu erzählen, wenn ich tagelang am Meer entlangspaziere, mich dem Wind und der Sonne aussetze und mich hin und wieder an einer Muschel im Sand oder einem auffällig gefärbten Stein freue? Selbst die wenigen beschaulichen Orte bringen mich nicht aus der Ruhe. Manchmal kommen sie mir gerade recht, damit ich etwas zu essen bekomme, oder sie bieten mir durch einige alte Fischerhäuschen mit bunt bemalten Eingangstüren eine willkommene Abwechslung. Für eine Aussicht auf Meer und Haff besteige ich in Wustrow den Kirchturm. In Ahrenshoop kann ich noch ein wenig das Flair eines

Künstlerdorfes spüren, das sich aus der Zeit erhalten hat, als der Schriftsteller und DDR-Kulturpapst Johannes R. Becher sowie der Bildhauer Gerhard Marcks hier ihre Häuser hatten.

Nach genau zwei Monaten erreiche ich in Prerow den nördlichsten Punkt meiner Wanderung. Auch hier geht es beschaulich zu. In einer alternativen Teestube wird selbst gebackener Kuchen serviert, und auf jedem Tisch steht ein kleines Frühlingssträußchen. In diese Idylle passt auch das wunderschön altmodische Darßer Heimatmuseum, dessen Charme durch keinerlei moderne Museumspädagogik getrübt wird.

Eigentlich wollte ich am Morgen Richtung Zingst weitergehen. Doch die Tochter eines Leuchtturmwärters macht mir klar, dass ich unbedingt noch in das Naturschutzgebiet Darßer Ort zu gehen habe. »Sonst waren Sie eigentlich gar nicht hier.« Auf diese Weise sehe ich einen der wenigen Plätze, wo Land vom Meer nicht weggespült, sondern durch die besonderen Strömungsverhältnisse seit Jahrhunderten neu dazugewonnen wird. Direkt am Wasser liegt der Streifen des neu angespülten Sandes. Davor kann ich beobachten, wie das neu gewonnene Land nach und nach von der Pflanzenwelt erobert wird. Zum Meer hin breiten sich Gräser und kleinere Stauden auf dem Dünenstreifen aus. Dahinter wird die Erde von Sträuchern und Bäumen in Besitz genommen. Von dem altertümlichen Leuchtturm gönne ich mir noch einen letzten Blick auf dieses einzigartige Neuland und den hinter mir liegenden Küstenstreifen.

Wer früher in Zingst gelebt und den Ort vor 1989 verlassen hat, muss, wenn er heute zurückkommt, vermutlich nach dem Weg fragen. Die Strandpromenade ist gesäumt von Aparthotels, ein nobles Steigenberger-Hotel wurde gebaut, und das Auto kann man gegen saftige Gebühren auf einem großen Parkplatz abstellen. Nur Richtung Boddenhafen finde ich vereinzelt hübsche ältere Häuser. Dort stoße ich auch auf ein reichlich klapprig aussehendes Holzhaus mit dem Schild »Denkmalgeschütztes Kapitänshaus zu verkaufen«. Diesem Haus würde ich allerdings die wundersame Fähigkeit zutrauen, sich einem Verkauf zu entziehen – indem es rechtzeitig vorher zusammenfällt.

Der mächtige Turm von Sankt Marien in Barth, der den Seefahrern früher als Orientierungspunkt gedient hat, scheint mir vom Hafen von Zingst aus schon zum Greifen nahe. Zu Fuß habe ich aber doch noch einen Abendspaziergang von gut zwölf Kilometern entlang des schilfbewachsenen Ufers des vom Meer abgetrennten Boddens vor mir. Barth genießt nicht wie die an der offenen Ostsee gelegenen Orte das Interesse der Investoren. Nur die Häuser direkt um den Marktplatz sind neu hergerichtet, ansonsten ist überall spürbar, dass die Stadt mit Abwanderung zu kämpfen hat.

Beim Abendessen mit Sicht auf das flache Boddengewässer schaue ich auf ein großes Schild »Vinetablick« und erkundige mich deshalb bei der Bedienung, wer oder was denn Vineta sei. Zunächst antwortet sie mir, dass da draußen im Bodden vor tausend Jahren eine Stadt namens Vineta versunken sei. Dann schaut sie sich vorsichtig um und fügt verschwörerisch leise hinzu, es sei aber leider gar nicht ganz sicher, dass es diese Stadt überhaupt gegeben habe. Später erfahre ich, dass es für diese von einem Journalisten in die Welt gesetzte Behauptung eigentlich überhaupt keine Belege gibt. Trotzdem blüht der Mythos um Vineta unter der Pflege des tatkräftigen Bürgermeisters von Barth weiter. Der Begriff *Vineta* wird mittlerweile als Markenzeichen geschützt. Das Heimatmuseum wurde in Vineta-Museum umbenannt, im Sommer wird im Rahmen der Vineta-Festspiele Laientheater aufgeführt. Die Frage, ob es die untergegangene Stadt Vineta wirklich gegeben hat, wird uninteressant, wenn der Mythos dazu beitragen kann, eine von Entvölkerung und Deindustrialisierung bedrohte Stadt vor dem Untergang zu bewahren.

Eine Stuttgarter Freundin hatte mir die Adresse einer Tante gegeben, die zusammen mit ihrer Tochter in einem kleinen Dorf südlich von Ribnitz-Damgarten wohnt. »Da kannst du ruhig hingehen, die sind sehr nett und gastfreundlich.« So überwinde ich meine Skrupel, mich bei wildfremden Leuten zum Übernachten einzuladen.

Überraschenderweise empfängt mich eine rüstige, fast 90-jährige Dame im gepflegtesten Honoratiorenschwäbisch mit »Grüß Gott«. Beim Abendessen erfahre ich, wie es sie in diese Gegend verschlagen hat. Meine aus Stuttgart stammende Gastgeberin hatte einen Mediziner geheiratet, der nach dem Krieg Chefarzt in einer Stadt an der polnischen Grenze geworden war. Noch in den Tagen des Mauerbaus hätte die Familie die Gelegenheit gehabt, in den Westen zu gehen. Aber der Familienvater fühlte sich mit seiner beruflichen Aufgabe so verbunden, dass er bleiben wollte. So leben bis heute fast alle Kinder, Enkel und Urenkel im Osten, gleichzeitig werden aber viele Kontakte in den Westen sorgfältig gepflegt. Obwohl meine Gastgeberinnen über die Wende sehr glücklich sind, verfolgen sie kritisch manche Veränderungen der letzten Jahre. Mit Sorge sehen sie, wie sich der Charakter vieler Küstenorte durch die vom Westen ausgehende Kommerzialisierung verändert. Sie ärgern sich, dass das westliche Gesundheitswesen dem Osten einfach übergestülpt wurde, ohne auf Erhaltenswertes des DDR-Systems zu sehen. Und vor allem bedauern sie, dass die Bereitschaft, sich gegenseitig zu helfen, seit der Wende spürbar abgenommen hat. Eine Vorstellung davon, wie es einmal war, geben sie mir, indem sie sich überlegen, wo ich bei meiner Wanderung durch die neuen Bundesländer überall noch bei Verwandten und Freunden Unterschlupf finden könnte.

In Güstrow nehme ich mir einen Ruhetag zum Schreiben und um mich in der Stadt umzusehen. Ich besuche das Atelierhaus von Ernst Barlach. Obwohl ich sonst sehr dazu neige, mich für Kunst an ihrem Entstehungsort zu begeistern, bleibt mir der religiöse Ernst der Plastiken Barlachs fremd. Das prächtige Renaissanceschloss, in dem Wallenstein während des Dreißigjährigen Krieges eine Weile residiert hat, sehe ich nur von außen, und der Dom ist gerade geschlossen. Trotzdem fühle ich mich in der provinziell-gemütlichen Innenstadt mit vielen alten Häusern und einem überschaubaren Angebot an Läden und Cafés wohl.

Auf der Suche nach einem Internetzugang werde ich in ein Plattenbauviertel geschickt. Dort esse ich in einer Imbissbude, in der Döner und asiatische Gerichte angeboten werden, zu Abend. Hinter dem Tresen stehen zwei Asiaten und zwei Deutsche. Ich bekomme nicht heraus, wer von ihnen der Chef ist. Das Essen ist spottbillig, und es herrscht reger Betrieb. Viele Kunden sind in Trainingsjacken gekleidet. Der Umgangston ist kameradschaftlich direkt und freundlich. Keine Spur von Aggressionen, die ich als Konsument westlicher Medien hier vermuten müsste. Ein Deutscher hinter dem Tresen macht eine Kundin ziemlich unverhohlen verbal an, was sie sich, wie mir scheint, nicht ungern gefallen lässt. Als sie bezahlen will, winkt er nur ab, und sie zieht lachend davon.

Von Güstrow nach Krakow am See habe ich es nicht allzu weit. So bummle ich eher durch die Landschaft. In Kirch Rosin erwartet mich neben einer gewaltigen Eiche eine kleine gotische Kirche aus dem 13. Jahrhundert mit separatem Holzturm. Der Innenraum überrascht mich mit einer gefälligen Ausmalung in dezenten Rottönen und einer hübschen alten Orgel. Alles passt zusammen, auf derartige Entdeckungen bereitet kein Reiseführer die Touristen vor. In Bellin, dem nächsten Ort, bleibt mir die wehrhaft imponierende Kirche leider verschlossen. Beim Gang durch die Wälder komme ich an geheimnisvollen Megalithgräbern vorbei, später fotografiere ich ein großes gelbes Rapsfeld mit weiß blühenden Sträuchern am Rand. Schade nur, dass ich das Gefühl habe, die Schönheit der Farben nicht angemessen festhalten zu können. Mein Tagesziel Krakow passt gut zu diesem beschaulichen Wandertag. Denn in dem kleinen, romantisch am See liegenden Städtchen ist noch nichts von einem Bauboom nach der Wende zu spüren.

Überraschenderweise kann ich in Krakow eine vollkommen unbeschädigte ehemalige Synagoge besichtigen. Da das Gebäude bereits nach dem Ersten Weltkrieg von der kleiner gewordenen jüdischen Gemeinde aufgegeben worden war, wurde es in der Weimarer Zeit als Turnhalle genutzt und blieb in der Nazizeit unbehelligt. Man sagt mir, dass selbst die Fensterscheiben über 100 Jahre alt seien. Seit 1996 werden die Räume als Ausstellungs- und Gedenkstätte genutzt. Das Grab der letzten jüdischen Bürgerin des Ortes aus dem Jahr 1936 finde ich auf dem jüdischen Teil des Friedhofs. Eine Frau, die mich hinführt, betont, dass es in den vergangenen Jahren im Ort keinerlei antisemitische Aktionen gegeben habe. Ich muss daran denken, dass der jüdische Friedhof bei Tübingen schon mehrfach geschändet wurde, und es kommt mir so vor, als würden die Zeitungen über derartige Ereignisse in Ost und West unterschiedlich berichten. Im einen Fall würde die Überschrift lauten: »Schmierereien auf jüdischem Friedhof bei Tübingen.« Im anderen Fall wäre dagegen zu lesen: »Wieder ein jüdischer Friedhof im Osten geschändet.«

Ich habe keinen Grund zu klagen. In den vergangenen Tagen hatte ich eine schöne Zeit, und das Wetter ist heute sonnig, aber nicht zu warm. Trotzdem bin ich unzufrieden. Schon morgens komme ich nicht richtig in Schwung. Nachdem ich mit einem Schiff den Plauer See überquert habe, kaufe ich in Malchow ein paar Kleinigkeiten ein, rufe in einem Internetcafé meine Post ab und schaue mich ein wenig im Ort um. Aber nichts davon kann meine miese Laune bessern. Eigentlich habe ich noch keinen Hunger, aber weil es Mittagszeit ist, esse ich etwas. Dann marschiere ich endlich los. Der Rucksack erscheint mir schwerer als in den vergangenen Tagen, und ausgerechnet heute habe ich zum ersten Mal mit Stechmücken zu kämpfen. Selbst ein blühender Apfelbaum kann mich nicht aufheitern. Ich habe keinen Menschen, an dem ich meine schlechte Laune auslassen kann, nur mich selbst. Immer wieder mache ich Pause und nehme einen Schluck aus meiner Wasserflasche. Und weil mir nichts Besseres einfällt, gehe ich weiter. Doch irgendwann spüre ich, dass das Gehen hilft. Nach ein paar Stunden fühle ich mich langsam besser. Ich bin dabei, meiner schlechten Laune zu entgehen. Am frühen Abend habe ich endlich wieder Frieden mit mir geschlossen.

Bei dem neogotischen Schloss Klink, das der Familie des DDR-Fernsehkommentators Karl Eduard von Schnitzler gehört hatte und mittlerweile zu einem Luxushotel umgebaut wurde, komme ich an die Müritz. Noch zwei Stunden gehe ich im Abendlicht am See entlang bis nach Waren, einem alten Städtchen, das schon Theodor Fontane als Sommerfrische gedient hat. Heute macht der Ort einen sehr gediegenen Eindruck. Ein Yachthafen und eine Reihe von Lokalen lassen die DDR-Zeit vergessen. Auch der Pensionsbesitzer, der mir schon am 3. Mai einen gesalzenen Hauptsaisontarif abverlangt, erinnert mich daran, dass hier eine neue Zeit angebrochen ist. Aber ich bin zu müde, um mich ernsthaft zu wehren, und froh, mich bald unter einer Bettdecke verkriechen zu können.

Nach der Wettervorhersage soll es heute regnen. Es sieht so aus, als würde mein Gang durch den Nationalpark Müritz kein ungetrübtes Vergnügen. Doch die Sonne setzt sich durch, und ich habe ein Bilderbuchwetter. Die Apfelbäume stehen in voller Blüte, das Licht spiegelt sich in allen Variationen auf dem Feisnecksee. Eine Schnecke mit weiß-braunem Häuschen läuft mir über den Weg, und ich fange sie mit meiner Kamera ein. Gegen Mittag komme ich an ein Naturpark-Informationszentrum. Anhand der dort aushängenden Übersichtskarte wird mir klar, dass auch ich mich am Morgen nur im Schneckentempo fortbewegt habe. In der Begeisterung des schönen Augenblicks hatte ich meine Tagesplanung gründlich aus den Augen verloren.

So marschiere ich weiter auf angenehm sandig-weichen Wegen durch weite Mischwälder. Die Sonne scheint so warm, dass ich froh bin, dass mir die inzwischen belaubten Bäume Schatten spenden. Immer wieder komme ich an Seen entlang. Die Depressionen des Vortags sind mir heute fern. Aber das liegt vermutlich nicht nur an der schönen Landschaft, sondern auch an meinem Tagesziel: Userin. Der fremdartige Name dieses kleinen Dorfes bei Neustrelitz hatte für mich immer einen bezaubernden Klang. Denn in Userin wurde mein Mannheimer Musikergroßvater 1889 als Sohn eines Mühlenarbeiters geboren. Als Kind hatte mein Großvater beim Schlittschuhlaufen auf dem See häufig Lieder gepfiffen, so kam man darauf, dass er Musiker werden könne. Mit 14 Jahren trat er eine Lehrstelle in der »Stadtpfeife«, dem städtischen Orchester von Neustrelitz, an. Dort lernte er Noten lesen und Tuba spielen. Später kam der Kontrabass dazu, der ihn bis ins Mannheimer Theaterorchester brachte.

In meiner Kindheit lag Userin für mich in unerreichbarer, exotischer Ferne. Eine Idee, wie es dort aussah, hatte ich nur durch eine dilettantisch gemalte Ortsansicht, die über dem Wohnzimmersofa meiner Großeltern hing. Außerdem stand auf dem Schreibtisch meines Großvaters ein Schwarz-Weiß-Foto, das ihn in einem Boot beim Angeln auf dem See zeigte. Trotzdem war mir der Name dieses Dorfes seltsam vertraut. Denn jedes Jahr im Juli packte mein Großvater sein Angelzeug und ein paar Mitbringsel in einen Koffer und setzte sich in den Interzonenzug nach West-Berlin. Dort stieg er in die S-Bahn zum Bahnhof Friedrichstraße, wo er die Einreisekontrollen der DDR-Grenzer über sich ergehen lassen musste. Er war dann nur noch eine gute Stunde von seiner Heimat entfernt, in der er die nächsten Wochen verbrachte. Ich kann mich erinnern, dass öfters davon die Rede war, dass es unsicher sei, ob er dieses Jahr überhaupt nach Userin fahren könne. Aber egal – ob Mauerbau oder Kuba-Krise, ich kann mich nicht erinnern, dass er in einem Jahr nicht gefahren wäre.

Mit diesen Erinnerungen nähere ich mich Userin von Norden auf einer alten unbefestigten Allee, die von unregelmäßig stehenden Birken gesäumt ist. Kurz vor dem Ort leuchtet im Gegenlicht der Abendsonne der Useriner See durch die Bäume. Ich habe das Gefühl, die beschaulich hügelige Landschaft hat sich durch die Ereignisse der letzten hundert Jahre kaum verändert. Am Ortsrand steht eine kleine Feriensiedlung mit neu gebauten Holzhäusern, ansonsten ist die Idylle ungestört. Die weiß gestrichene Holzlaube vor dem Haus meiner Verwandten erkenne ich von einem Foto aus den 30er Jahren wieder, auf dem meine Mutter als Kind dort mit einer Katze spielt. Zum Abendessen bekomme ich ein paar Anglergeschichten serviert, in die mein Großvater verwickelt war. Ich bin gerührt, wie sich persönliche Fäden zusammenfügen, die mir durch die politische Entwicklung für immer zerrissen schienen.

Am nächsten Morgen mache ich mich früh auf den Weg. Vorbei an der schlichten Dorfkirche gehe ich zum See. Am Ufer liegen ein paar Fischerboote. Alles ist ruhig. Auf dem See sitzt ein alter Mann in einem Kahn und angelt.

Als ich nach stundenlangem Marsch durch die brandenburgischen Wälder an den Rheinsberger See komme, spiegelt sich auf der gegenüberliegenden Seite das Schloss der preußischen Kronprinzen im Wasser, »... ein Bild von nicht gewöhnlicher Schönheit«, wie Fontane schreibt. Durch eine gründliche Renovierung ist diese Schönheit nach jahrzehntelanger Vernachlässigung, Plünderungen durch russische Soldaten und einer Nutzung als Sanatorium heute wieder erlebbar. So kann ich im Konzertsaal das große barocke Deckengemälde bewundern, das nach Ovid'schen Metamorphosen die Vertreibung der Finsternis durch die aufgehende Sonne darstellt, über das sich ebenfalls Fontane wohlwollend äußerte: »Die Technik ist vortrefflich, und wie immer man auch über pausbackige Genien und halbbekleidete Göttinnen denken mag, in dem Ganzen lebt und webt eine künstlerische Potenz, gegen die es nicht gut möglich ist, sich zu verschließen.«

Aber eigentlich haben mich weder die preußischen Kronprinzen noch die Beschreibungen Fontanes nach Rheinsberg gelockt, sondern die Tatsache, dass im August 1911 ein 21-jähriger Jurastudent aus Berlin hier ein Wochenende mit seiner Freundin verbracht hat. Mit

Rheinsberg – ein Bilderbuch für Verliebte wurde, so Kurt Tucholsky, »später generationsweise vom Blatt geliebt«. Und die Zutaten des ironisch gebrochenen Glücks von Claire und Wolf sind nach über 90 Jahren immer noch vorhanden: ein kleines Landhotel, die Wirtschaft, in der man am Abend den Honoratioren des Ortes am Nachbartisch lauscht, ein paar Geschäfte, über deren provinzielle Schaufensterauslagen sich die Städter auslassen, der zu einer Kahnpartie einladende See mit Inseln, Wiesen für eine beschauliche Rast und die ruhigen Wälder, in denen sich die jungen Liebenden ungestört ergehen können. Aber nicht nur aus diesem Grund war es verdienstvoll, dass Mary Gerold-Tucholsky nicht lockerließ, bis in Rheinsberg noch zu DDR-Zeiten eine Gedenkstätte für Tucholsky eingerichtet wurde, zu der sie eine Reihe von Gegenständen aus dem Nachlass beisteuerte. Denn gerade weil Tucholsky später zum beißenden Satiriker, zum weitsichtigen Propheten der Nazigräuel wurde und nach Erich Kästner in die tragische Rolle des kleinen dicken Berliners gedrängt wurde, der die Katastrophe mit der Schreibmaschine aufhalten wollte: Er war bis zu seinem Freitod ein Mensch, der aus Liebe hasste. Und genau deshalb ist es nur recht und billig, Tucholsky am Ort seiner schönsten Liebesgeschichte zu ehren.

Im Gegensatz zu Fontane habe ich keinen Grund zur Klage. In den *Wanderungen durch die Mark Brandenburg* bemängelt er, dass die Straße zwischen Rheinsberg und Braunsberg in einem schlechten Zustand sei. Friedrich der Große habe zu Unrecht in einer Kabinettsorder die Ausbesserungsarbeiten mit dem Hinweis »Ich kenne den Weg« als überflüssig abgelehnt. Vielleicht hat Fontanes Kritik etwas bewirkt, denn der von ihm beschriebene Sandweg muss wenig später mit einem buckeligen Kopfsteinpflaster ausgestattet worden sein. Seither hat sich offensichtlich niemand um die Straße gekümmert. Dafür hatten die Alleebäume fast 150 Jahre Zeit zu wachsen. Und wie in den Tagen von Fontane entspricht der derzeitige Straßenzustand wieder einmal nicht dem Stand der modernen Verkehrstechnik. Kein einziges Auto verirrt sich hierher. Aber wenigstens *ich* bin mit diesem Wanderweg vollkommen zufrieden.

Wir bleiben anders

Neuruppin – Flatow – Berlin –
Rangsdorf – Klein Köris – Schlepzig –
Lübben – Lübbenau

Als ich in Neuruppin Fontanes Geburtshaus mit der Löwenapotheke fotografiere, kommt die Apothekerin heraus und schenkt mir eine Postkarte mit der Bemerkung: »Falls Ihre Fotos nichts werden.«
Dazu gibt sie mir ein fotokopiertes Blatt mit einem Gedicht Fontanes aus dem Jahre 1842, das heute so aktuell wie damals ist:

Einigkeit
Kein Jubel mehr! Die Freude sei bemeistert
Ob deutschen Sinns und deutscher Einigkeit;
Es gilt nicht viel, wenn sich ein Volk begeistert
In unsrer krankhaft-überreizten Zeit.
Was ihr gesehn – des Mitleids frommes Walten
Erlöst noch lang vom alten Fluch uns nicht,
Und unsre Heimat ist und bleibt zerspalten,
Bevor uns nicht ein festres Band umflicht.

(...)

Nein, soll die Zukunft uns ein Deutschland bringen
Da gilt es mehr als eine milde Hand,
Da gilt's ein mutig Ringen und Bezwingen,
Ein Frühlingswehn durchs ganze deutsche Land.
Wenn überall der Freiheit Banner rauschen
Und kein bedrücktes Volk um Rettung schreit,
Dann will auch ich die Zweifel froh vertauschen
Und gläubig baun auf Deutschlands Einigkeit.

Wieder einmal wird mir deutlich vor Augen geführt, wie kompliziert die Wiedervereinigung immer noch ist. Dabei habe ich in den letzten Wochen im Osten nur angenehme Erfahrungen gemacht und mich darüber gefreut, wie freundlich und offen die Menschen mir begegnet sind. Es kommt mir so vor, als seien manche ganz froh, in mir einen Wessi zu treffen, der nicht so aussieht, als wolle er ein Immobiliengeschäft tätigen. Umgekehrt sind mir viele Menschen schon deshalb sympathisch, weil sie durch die Wende Brüche in ihren Karrieren haben, wie ich selbst aus anderen Gründen. Die Lebensläufe sind nicht so gradlinig wie bei den meisten Westlern. Und ich habe den Eindruck, dass dies die Menschen meist interessierter und neugieriger werden lässt.

Die Wende, dieses Stichwort fällt übrigens so sicher wie das Amen in der Kirche bei jedem längeren Gespräch mit allen, die diesen Einschnitt bewusst erlebt haben. Immer wieder bekomme ich berichtet, wie die Wende Menschen beruflich und privat aus der Bahn geworfen hat und sie sich danach vollkommen neu orientieren mussten. Wie für unsere Eltern der Krieg ist für die Menschen in den neuen Bundesländern die Wende *der* Dreh- und Angelpunkt ihres Lebens. Viele, denen das Leben vorher planbar bis zur Langeweile erschien, haben jetzt mit Unsicherheit und Zukunftsängsten zu kämpfen. Allerdings treffe ich auf keinen, der sich nach der Unfreiheit der Vorwendezeit zurücksehnt. Auch stellt kaum jemand die Leistungen bei der Instandsetzung der vorher baulich maroden Städte in Frage. Aber immer wieder begegnen mir Leute, die über die Gleichgültigkeit verbittert sind, mit der die etablierten Parteien denen gegenübertreten, die es nicht geschafft haben, sich einen Platz in der neuen Arbeitswelt zu erobern.

Ich freue mich darauf, bald Berlin zu erreichen. Deshalb möchte ich zügig am Neuruppiner See entlanggehen. Doch immer wieder muss ich Umwege machen, da eine Reihe von Privatgrundstücken den Weg versperren. Einmal erklärt mir ein altes Ehepaar vor einem Zaun, der mich am Weitergehen hindert, dass sie hier ihr Leben lang direkt am Ufer spazieren gehen konnten. Nun sei angeblich durch ein Versehen von der Gemeinde das Seeufer mit veräußert worden. Die Nähe zu Berlin macht sich bemerkbar. Sogar der Kuhstall des ehemaligen Landgutes von General Knesebeck wurde zu Apartments umfunktioniert.

Ab Wustrau finde ich eine einsame, gepflasterte Allee, auf der ich ungestört in den Abend gehen kann. Nur die Entfernung habe ich etwas unterschätzt. Erst um 22 Uhr komme ich in Flatow an und suche im Ort vergeblich nach einem Zimmer in einer Pension. Als ich unter einer Laterne mit mir Ratschlag halte, fragt ein vorbeigehender Mann seine Frau: »Wo will denn der um diese Zeit noch hin?«

Auf dem Dorfplatz steht eine Gruppe Jugendlicher. Zwei Mädchen kommen unvermittelt auf mich zu und beginnen mich forsch auszufragen. »Wo kommen Sie her? Warum machen Sie das? Sind Sie nicht verheiratet? Was sagt denn Ihre Frau dazu?« Die Frage, wohin ich heute noch gehen werde, kann ich ihnen allerdings beim besten Willen nicht beantworten. Das Wetter ist trübe, und eigentlich möchte ich deshalb nicht draußen übernachten. Aber zu guter Letzt bleibt mir nichts anderes übrig. Ich lege mich in den Wald und habe Glück, denn die Nacht bleibt trocken.

Als ich mich Berlin nähere, regnet es. Ich erkundige mich, wo früher die Grenze war, und erhalte eine klare und symbolhafte Antwort: »Dort, wo die Alleebäume aufhören.« Da steht auch das gelbe Ortsschild. Ich hatte mir vorher mehrfach ausgemalt, wie ich diesen historischen Augenblick begehen könnte. Soll ich den Boden küssen oder das Ortsschild umarmen und mich dabei mit dem Selbstauslöser fotografieren? Aber der Regen wird stärker. Ich kürze die Feierlichkeiten ab und gehe weiter. Auf dem ehemaligen Todesstreifen steht das Musterhaus einer Fertighausfirma. Dann beginnt der Westen so, wie er in Travemünde aufgehört hatte: mit einer Kleingärtnerkolonie. Die ersten Wohnhäuser sind Plattenbauten, wie ich sie eigentlich in der Peripherie von DDR-Städten erwartet hätte. Auch die folgenden Spandauer Wohnsiedlungen sehen so aus, als seien sie eigens dafür hingebaut, meine Euphorie, nun endlich in Berlin zu sein, etwas zu dämpfen.

Musik des Zufalls. Ausgerechnet heute Abend liest in Berlin der Autor, der mich in den Monaten vor meiner Abreise am stärksten beeindruckt hat: Paul Auster. Durch Austers magische Erzählkunst hatte mich Marco Stanley Fogg, die Hauptfigur seines Romans *Mond über Manhattan*, in seinen Bann geschlagen. Mit der unglaublichen Geschichte dieses jungen Mannes, der alles verliert und unterzugehen droht und dann mit einem dreimonatigen Fußmarsch ein neues Leben beginnt, hatte ich mich in der Zeit, bevor ich selbst losmarschierte, identifiziert.

Selbstverständlich will ich Auster hören. Aber die Veranstaltung ist ausverkauft, und an der Abendkasse steht schon eine 20 Meter lange Schlange. Während ich mir ein Schild *Karte gesucht* male, bekomme ich eine angeboten. Kurz darauf sitze ich mit meinen klobigen Wanderschuhen in der letzten Parkettreihe des ehrwürdigen Deutschen Theaters. Trotzdem muss ich mich noch eine Weile gedulden. Gemeinsam mit Auster treten einige wichtige Herren auf, die alle zuerst etwas zu sagen haben. Den Anfang macht sein deutscher Verleger, dann wird der Übersetzer vorgestellt, als Nächstes muss ich noch erfahren, dass der Herr, der im Wechsel mit Austers englischem Vortrag einige Passagen aus dem neuen Roman *Die Nacht des Orakels* auf Deutsch vorlesen wird, ein bekannter Fernsehschauspieler ist. Zu guter Letzt hält ein leibhaftiger Literaturprofessor eine nicht enden wollende Einführung in Austers Werk. Ich werde immer ungeduldiger und denke mir, dass es auch Auster ähnlich geht. Doch der streckt seine langen Beine weit von sich und schaut freundlich in die Runde.

Endlich beginnt Auster mit klangvoller, tiefer Stimme zu lesen. Er spricht ruhig, konzentriert, deutlich und unspektakulär. Es ist eine Wohltat, ihm zuzuhören.

Bei der anschließenden Diskussion übernimmt der Literaturprofessor die Initiative. Er referiert über Parallelen zwischen Austers Leben und Werk und hat herausgefunden, dass der Name einer der Hauptfiguren des Romans ein Anagramm von Austers Namen ist. Doch Auster beschwichtigt. Sein Leben sei eine Sache, seine Geschichten eine andere. Die Suche nach Parallelen im realen Leben lenke von den Geschichten ab, die nicht Abbilder seines äußeren Lebens, sondern Produkte seiner Phantasie seien. In der nächsten Runde lässt sich der Wissenschaftler über die Bedeutung der Handlungen in Austers Büchern aus. Auch hier wehrt Auster freundlich, aber bestimmt ab. Nein, seine Geschichten bedeuteten nichts. Eine gute Geschichte zeichne sich dadurch aus, dass sie viele Deutungen zulasse und den Leser dazu anrege, seine Bedeutungen für sich selbst zu schaffen. »That's it.« Der Magier mag keinen faulen Zauber.

Im Anschluss lasse ich mir noch ein Buch von Auster signieren, um es meiner Berliner Gastgeberin zu schenken, und bestaune Austers Frau Siri Hustvedt, die im Foyer Hof hält: unglaublich schlank und so strahlend lächelnd, wie dies nur Amerikanerinnen können.

Ich liebe Berlin, ja sogar die Berliner mit ihrer Motzigkeit und notorischen Rechthaberei. Vor 30 Jahren hatte ich eine glückliche Zeit als Musiker in Berlin verbracht und war danach mit weinendem Herzen aus beruflichen Gründen nach Hamburg gezogen. Seither ist besonders die Gegend um den Savignyplatz, wo ich damals gewohnt habe, mein verlorenes Paradies, dem ich nachhänge und in das ich immer wieder wehmütig zurückkehre.

Aber seit der Wende hat sich auch mein Verhältnis zu dieser Gegend gewandelt. Zwar gehe ich immer noch jedes Mal in den vertrauten Kiez, um mich zu vergewissern, dass sich auch ja nichts verändert hat. Und tatsächlich, in der Pizzeria am Anfang der Bleibtreustraße, nur wenige Schritte vom Kudamm entfernt, ist alles wie früher. Nur die Währung hat sich geändert, und das Stück Pizza vom Blech kostet nun statt einer Mark einen Euro. Ähnlich geht es mir mit dem »Zwiebelfisch«, der Szenekneipe, in der in meiner Berliner Zeit unter anderen der Schauspieler Otto Sander und der Apo-Anwalt Otto Schily verkehrten. Ein Freund machte mich damals darauf aufmerksam, dass der alte Herr, der fast unbemerkt in einer Ecke saß, Robert Biberti war, der Basssänger der Comedian Harmonists, der im Lied »In der Bar zum Krokodil« die schöne »Frau von Potifar, die ungemein erfahren war in allen Liebessachen« besang. Heute ist der Zwiebelfisch immer noch »in«. Es sieht so aus, als sei in den letzten 30 Jahren kaum ein Eimer Farbe investiert worden. Selbst das Publikum ist von den Jahren und den mittlerweile konsumierten Budweisern etwas gezeichnet.

Auch wenn ich froh bin, dass ich diese alten Plätze immer wieder aufsuchen kann, kommen mir die westlichen Viertel seit der Wende vergleichsweise statisch und festgefahren vor. Immer öfter zieht es mich in den letzten Jahren in den Osten. Allein schon wegen der absurden Formalitäten am Grenzübergang war ich dort früher selten gewesen. Erst in den 90er Jahren hatte ich mir die Ostberliner Stadtteile Stück für Stück erobert. Das war nicht immer einfach. Einmal verirrte ich mich heillos, da sich viele Straßennamen gegenüber denen in meinem alten Stadtplan verändert hatten. In den Jahren, als am Bahnhof Friedrichstraße umgebaut wurde, musste ich mich bei jedem Besuch neu zurechtfinden.

Ich war von Anfang an fasziniert, die raschen Veränderungen im Osten mitzuerleben. So kannte ich den Potsdamer Platz nur als eine hinter der Mauer liegende Brachlandschaft. Nach der Wende verfolgte ich aufmerksam seine Wiederbebauung: Das fand ich viel spannender als die glänzenden Prachtbauten, die sich dem Besucher heute präsentieren.

Immer wieder war ich erstaunt, wie nah bisher scheinbar weit auseinander liegende Stadtteile aneinander rücken und sich vollkommen neue Querverbindungen und Stadtlandschaften ergeben. Als ich das erste Mal durch das Brandenburger Tor ging, war mir ganz feierlich zumute. Und noch heute muss ich dabei jedes Mal an ein bewegendes Video denken, das ich im Mauermuseum beim Checkpoint Charlie gesehen habe: Eine Frau war in den ersten Tagen der Maueröffnung ans Brandenburger Tor gekommen, aber dort hatten DDR-Grenzer den Durchgang kurzzeitig wieder geschlossen. Sie geriet vollkommen außer sich und schrie die Soldaten weinend an, dass sie so gehofft habe, noch ein einziges Mal in ihrem Leben hier durchgehen zu können. Endlich ging ein Soldat langsam auf die Frau zu, nahm sie in den Arm und passierte mit ihr das Tor.

Bei jedem Besuch konnte ich im Osten Neues entdecken: den frisch renovierten Gendarmenmarkt, die Hackeschen Höfe, den romantischen Dorotheenstädter Friedhof, auf dem die Größen von Hegel bis Brecht ruhen, die Synagoge mit der mächtigen Goldkuppel in der Oranienburger Straße oder die neu entstehende Kneipenszene rund um den Käthe-Kollwitz-Platz am Prenzlauer Berg.

Dieses Mal kann ich mich, da ich das touristische Pflichtprogramm durch meine vorangegangenen Berlin-Besuche hinter mir habe, auf das konzentrieren, was ich ohnehin am liebsten mache: herumstreunen, schnuppern und Spuren suchen. Ich taste mich durch bisher unbekannte Gegenden von Friedrichshain und Prenzlauer Berg und fühle mich wohl in den kopfsteingepflasterten Straßen mit Bäumen und breiten Gehwegen; das Leben kommt mir ruhiger vor als im Westen. Mir gefallen so-

wohl viele der noch etwas heruntergekommenen Häuser als auch die in jüngster Zeit instand gesetzten alten Fassaden. Es ist angenehm, dass nur wenige bauliche Scheußlichkeiten der Nachkriegszeit das Bild trüben.

In der Kastanienallee entdecke ich an einer noch unsanierten, aber heftig von Graffitikünstlern bearbeiteten Fassade den Spruch »Dies ist kein SpekuLand«. Zwei Häuser weiter heißt es »Wir bleiben anders«. Mit einem gewissen Recht mag man derartige Sätze als naives Wunschdenken abtun. Aber ich neige dazu, in ihnen einen Ausdruck *einer* der in Berlin gelebten Wirklichkeiten zu sehen.

Nur fünf Gehminuten vom Bahnhof Friedrichstraße gerate ich direkt am Dorotheenstädter Friedhof doch noch an eine klassische Sehenswürdigkeit, die mir bisher entgangen war: die Wohnung von Bert Brecht und Helene Weigel in der Chausseestraße. Brecht lag mir bisher nie sehr am Herzen. Er war mir durch die Schullektüre eher verleidet als nahe gebracht worden und blieb für mich ein wenig mit dem Makel behaftet, der Hofdichter des realen Sozialismus zu sein. Aber nun gerät mein bisheriges Brechtbild bei der Besichtigung ins Wanken. Die drei im Hinterhaus zum Friedhof hin liegenden Zimmer Brechts sind sehr sparsam mit alten Möbeln vor allem aus der Biedermeierzeit ausgestattet. An den Wänden hängen neben einem Plakat des Berliner Ensembles asiatische Rollbilder, japanische Masken und auch zwei gotische Heiligenreliefs. Die im Originalzustand erhaltenen Bücherwände zeugen von seinem enormen Interessenspektrum. Natürlich stehen da auch die marxistischen Klassiker, aber bedeutend mehr Raum nimmt eine stattliche Sammlung von Kriminalromanen ein. Die Werke

Hegels sind mit zahllosen Anmerkungszetteln gespickt. Besonders das größte Zimmer, ein etwa 50 Quadratmeter großer heller, fast quadratischer Raum, wahrt durch seine zurückhaltende Ausstattung ein Gleichgewicht zwischen privatem Wohnraum und einem Ort der Geselligkeit sowie Diskussion. Im Schlafzimmer sieht es aus, als sei Brecht nur gerade kurz hinausgegangen. Auf einem Regal steht eine kleine Statue Don Quichottes, am Schrank hängen Stock und Mütze des Meisters, auf dem Nachttisch liegt die *Herald Tribune*.

Noch weniger als die Westzeitung konnte den DDR-Machthabern allerdings das Gedicht »Der Zweifler« gefallen, das Brecht über das an der Wand hängende chinesische Rollbild verfasst hatte. Brecht schreibt, dass er dieses Bild eines auf einer Bank sitzenden alten Mannes immer dann betrachtete, »wenn uns die Antwort auf eine Frage gefunden schien«. In seinen Zweifel schließt er sowohl Aussagen ein, die zu vieldeutig sind und damit zu Irrtümern Anlass geben, aber er spricht auch davon, dass Eindeutigkeit den Widerspruch aus den Dingen entfernt und sie damit leblos machen kann. Brecht stellt Fragen an das scheinbar Unbezweifelbare: »Seid ihr wirklich im Fluss des Geschehens?« oder »Ist alles belegbar? Durch Erfahrung? Durch welche?« und zuletzt: »Wie handelt man, wenn man euch glaubt, was ihr sagt?« Nach allen Fragen bleibt am Ende nur das Resümee:

Nachdenklich betrachten wir mit Neugier den zweifelnden
Blauen Mann auf der Leinwand, sahen uns an und
Begannen von vorne.

Nach fast 2000 Kilometern sind in Berlin ein Paar neue Wanderstiefel fällig. Bevor ich die alten Schuhe endgültig in einer Mülltonne verschwinden lasse, errege ich mit ihnen noch den Ärger eines Wachmanns, als ich sie fürs Fotoalbum vor der MoMa-Ausstellung zusammen mit einer abstrakten Plastik als Stillleben drapiere.

Abends schaue ich mir in der Schaubühne am Lehniner Platz eine Vorstellung von Georg Büchners *Woyzeck* an. Die Handlung ist in einem Ostberliner Plattenbauviertel angesiedelt. Das Bühnenbild ist perfekt, im Hintergrund sind trostlose Wohnblocks zu sehen, in der Mitte der Bühne steht eine typische Imbissbude, die Schauspieler sind genauso schäbig gekleidet wie im richtigen Leben. Doch mir missfällt, dass Woyzeck als ein armer Wicht dargestellt wird, der ständig von rechtsradikalen Schlägerbanden tyrannisiert wird. Auch wenn ich nicht leugnen will, dass es solche Gruppen gibt, erscheint mir die Darstellung zu einseitig. Ich habe auf meiner Wanderung durch die Ex-DDR von derartiger Gewalt bisher nichts gesehen. Ich ärgere mich, dass der Regisseur Klischees so undifferenziert aufwärmt und weitertransportiert.

Beim Verlassen von Berlin Richtung Süden passiere ich mehrmals Wohnblocks, an denen Schilder auf preisgünstigen freien Wohnraum hinweisen, ein für meine westlichen Augen ungewohnter Anblick.

Am Stadtrand gehe ich eine Weile an der ehemaligen Grenze entlang. Nur zwei im Abstand von etwa 100 Meter parallel verlaufende befestigte Wege, einer im Westen, einer im Osten, lassen die Vergangenheit ahnen. Die Bäume dazwischen sind alle etwa 15 Jahre alt, von den Grenzbefestigungen selbst ist nichts mehr zu sehen.

Wo früher die Grenzer patrouillierten, gehen jetzt nur noch ein paar Leute mit ihrem Hund spazieren. Nach der Stadtgrenze komme ich in freies, flaches Land.

Ab heute wird mich mein Freund Martin für drei Tage durch den Spreewald begleiten. Mit ihm verbindet mich eine in mancher Hinsicht erstaunlich ähnliche Lebensgeschichte. Beidc hatten wir uns 1986 am selben Tag jeweils gemeinsam mit unseren Frauen als Hausärzte niedergelassen. Auch Martin hat im letzten Jahr eine Fernwanderung unternommen und sich sechs Monate von seiner Praxis freigenommen, um nach Rom zu gehen. Ein beliebter Gesprächsstoff zwischen uns entspringt unserer gemeinsamen Begeisterung für Montaigne. Ich freue mich auf seine Gesellschaft.

Aber zuerst muss ich mich gedulden. Seine Ankunft verspätet sich um eine Stunde, also gehe ich noch in das Stehcafé eines nahe liegenden Supermarktes. Am Eingang fällt mir ein Plakat auf: »Achten Sie auf unsere roten Preisschilder. Sie kennzeichnen Waren, die in den neuen Bundesländern produziert werden.« Beim Kaffeetrinken fasziniert mich die freundlich-flotte Bäckereiverkäuferin. Sie findet für jeden Kunden ein persönliches Wort und verbreitet, wie es aussieht, mühelos eine gute Stimmung. »Schaun Sie mal, die Stückchen sind heute besonders schön geworden. Wollen Sie lieber das heller gebackene Brötchen? Darf ich Ihnen noch eine Tüte geben?« Die Variationsbreite ihrer Freundlichkeiten verblüfft mich. Dabei habe ich nicht den Eindruck, dass sie das zusätzliche Zeit kostet, denn auch die Kunden scheinen von ihrer beschwingten Art angesteckt. Normalerweise bin ich kein Anhänger von geschäftsmäßig künstlicher Freundlichkeit, aber diese Frau ist ein Naturtalent, und daher sehe ich dem Schauspiel gerne zu.

Auf dem Bahnhofsvorplatz werde ich von zwei Teenies mit Zahnspangen und Taschen, an denen kleine Kuscheltiere hängen, angesprochen. »Sind Sie auf Wanderschaft?« Ich reagiere etwas zurückhaltend und ärgere mich nachher, dass ich die Gelegenheit verpasst habe, sie zu einem Kakao einzuladen und dabei ein wenig zu erfahren, was die beiden umtreibt.

Zum zweiten Frühstück setze ich mich in die obligate Dönerbude an der Ecke, die der Pächter allerdings in ein türkisches Caféhaus verwandelt hat. An den sorgfältig orange getünchten Wänden hängen Fotografien von Moscheen und Basarstraßen seiner osttürkischen Heimat. Ein großer Tisch wird von knapp zehn Männern zwischen 40 und 70 bevölkert. Aber das Ganze ist keine südländische Idylle. Erst beim genauen Hinhören bemerke ich, dass die Männer keine Türken sind, sondern alle Brandenburger Dialekt sprechen.

Endlich kommt Martin, und ich überrasche ihn und mich selbst mit einem nicht enden wollenden Redeschwall. Mein ganzes in den letzten Monaten angestautes Mitteilungsbedürfnis ergießt sich über den geduldigen Zuhörer. Nach zwei, drei Stunden habe ich ihm endlich meine bewegendsten Reiseerlebnisse erzählt und bin wieder für ein Gespräch mit gleichmäßigerer Rollenverteilung offen.

Wir bewegen uns auf dem Europafernwanderweg E 10 südwärts. Doch die Beschilderung ist äußerst lückenhaft, und auch die von Martin mitgebrachte Wanderkarte bietet reichlich Anlass zu Missverständnissen. Am

Nachmittag fährt uns ein Mann, der uns kurz zuvor den Weg gewiesen hatte, mit seinem rot gestrichenen Kübelwagentrabant aus den Beständen der Volksarmee hinterher. Er nimmt uns ein Stück durch den Wald mit, da er befürchtet, dass wir den Weg sonst verpassen würden.

Männer sind seltsame Wesen. Nach zwei gemeinsamen Wandertagen stellen wir fest, dass wir uns übernommen haben. Ich hatte in Martin den gut trainierten Marathonläufer gesehen, Martin in mir den von den vergangenen Monaten gestählten Wanderprofi. Beide hatten wir uns über das flotte Gehtempo des anderen gewundert und waren es trotzdem brav mitgegangen, da keiner sich die Blöße geben wollte, dies anzusprechen. Jetzt hat Martin Kniebeschwerden, mir schmerzt das rechte Sprunggelenk. Erst als in der Brauereigaststätte von Schlepzig die sorbische Unterhaltungskapelle Pause macht, können wir uns nach zwei Bieren unsere Zipperlein gegenseitig gestehen. Nun sind wir klüger.

Heute lassen wir es langsamer angehen und spazieren gemütlich durch die beschauliche Spreewaldlandschaft.

In Lübben treibt uns ein Regenschauer in ein Internetcafé, das in einem kahlen Kellerraum untergebracht ist. Alle Computer sind von Jugendlichen besetzt, die mit Ballerspielen beschäftigt sind. Es riecht wie in der Umkleidekabine einer Turnhalle. Doch als wir unseren spontanen Impuls, gleich wieder rauszugehen, überwunden haben, überrascht uns der hier herrschende freundliche und kameradschaftliche Umgangston. Selbst uns Senioren wird bereitwillig ein Platz frei gemacht, damit wir unsere E-Mails abrufen können.

Beim Abendessen klagt uns die Wirtin in der nur sehr

spärlich besetzten Gaststätte ihr Leid. »Vor der Wende war bei uns immer voll. Das Bier war billig, und man hatte sowieso nichts anderes zu tun. Jetzt haben die Leute entweder kein Geld mehr, oder sie halten sich daran fest. Abends geht hier doch keiner mehr weg!« Mit Wehmut erinnert sie sich an den letzten Abend der DDR-Mark. »Da ging es hoch her, alle wollten ihr altes Geld loswerden. Am frühen Morgen saßen wir dann mit einem Berg von Scheinen an einem Tisch und zählten und zählten.« Mittlerweile wurden wegen der Rückkehr der adligen Großgrundbesitzer vielen Leuten ihre Häuser weggenommen. Die Arbeitsplätze im Braunkohletagebau und einem Kraftwerk sind alle verschwunden. »Und von dem bisschen Tourismus kann man doch kaum leben.«

Bevor sich Martin auf die Heimreise macht, unternehmen wir eine kleine Paddeltour durch die Spreearme rund um Lübbenau. Wir sind früh dran, und in der ersten Stunde gleiten wir ungestört und fast lautlos über das stille Wasser, bevor die mit zahlreichen Touristen besetzten Kähne kommen. Die werden allerdings von Gabi an ihrem Gurkenstand am Wasser erwartet. Schon hundert Meter vorher paddeln wir an ihrem Werbeschild mit Handy-Nummer vorbei. Als wir bei ihr ankommen, hat sie noch Zeit, uns zu erzählen, wie sie zu ihrem außergewöhnlichen Beruf kam. Ein paar Jahre vor der Wende hatte ihre Familie zufällig ein Grundstück an einem der Spreearme erworben. Zu dieser Zeit arbeitete sie noch im Kraftwerk. »Spreewaldgurken waren rar. Da haben wir eher Bananen zu sehen gekriegt.« Doch nachdem sie bald nach der Wende arbeitslos wurde, war die Idee, im nostalgischen Spreewaldkostüm Gurken zu verkaufen, ihr Rettungsanker.

Als an diesem Morgen der erste Kahn anlegt, hat sie ein paar Minuten lang viel zu tun. Sie reicht den im Boot an kleinen Tischchen sitzenden Ausflugsgästen Kostproben rüber und verkauft ihre Gläser mit Gurken. Dann muss sie wieder warten, bis der nächste Fährmann ihren Stand ansteuert. Reich kann sie während der kurzen Saison mit Sicherheit nicht werden, aber da sie ihre Heimat nicht verlassen will, hat Gabi keine Alternative.

Nach Martins Abreise bin ich missgestimmt. Mein Sprunggelenk schmerzt immer noch, und ich frage mich, was ich machen soll, falls die Beschwerden schlimmer werden. Ich habe so gut wie keine Vorstellung, was mich erwartet, wenn ich den Spreewald verlasse. Und zum ersten Mal hadere ich mit der Perspektive, in nächster Zeit allein zu sein. Aus meiner Erinnerung steigen Lieder auf, die mir als Begleiter aus melancholischen Tagen vertraut sind. »I am a rock, I am an island ... I'm a rock and feel no thing and an island never cries.« Ich bade ein wenig in Selbstmitleid mit Schuberts »Wanderer«: »Ich wandre still, bin wenig froh ... dort wo Du nicht bist, da ist das Glück.« Doch nein, so schlimm ist es auch wieder nicht. Wenn ich mich ein wenig auf meine Stöcke stütze und behutsam gehe, merke ich, dass meine Schmerzen nachlassen. Einmal mehr spüre ich, dass der Rhythmus des Gehens mir inneren Halt gibt. Und gleichzeitig wird mir bewusst, dass ich die stille Schönheit des birkengesäumten Spreearmes, an dem ich entlanggehe, alleine intensiver wahrnehme.

Im fernen Osten

Burg – Lakoma – Cottbus – Bad Muskau – Görlitz – Bautzen – Königstein – Pirna – Dresden – Meißen – Oschatz – Grimma – Leipzig

Am frühen Abend fällt mir vor einem Einzelgehöft eine etwa drei Meter hohe, aus rohem Holz gefertigte abstrakte Plastik auf. Daneben liegen Informationsblätter, die ein internationales Bildhauersymposium ankündigen, das in den nächsten Tagen in Lakoma stattfinden soll. Noch während ich lese, taucht Frank auf, der Schöpfer der Holzskulptur. Wir kommen ins Gespräch, und eine halbe Stunde später sitze ich mit seinen Kindern beim Mau-Mau-Spiel. Frank ist ein Universalgenie. Auf seiner Visitenkarte steht Holzbildhauer. Aber die Nachfrage nach Holzplastiken hält sich zwischen Spreewald und Cottbus in Grenzen, außerdem hat Frank viele andere Interessen. So hält er seine Familie finanziell unter anderem mit abenteuerpädagogischen Angeboten über Wasser und arbeitet an einem Projekt für Schulverweigerer in Cottbus mit. Wenn es sein muss, übernimmt er auch mal Baumfällarbeiten. Er arbeitet viel, möchte aber trotzdem seine unsichere, aber freie und vielseitige Existenz nicht gegen einen langweiligen 40-Stunden-Job eintauschen.

Durch Frank komme ich nach Lakoma. Über 20 Ortschaften mussten während der Nachkriegszeit in der Lausitz dem Braunkohletagebau weichen. Demnächst hat für Lakoma die Stunde geschlagen. Schon Ende der 80er Jahre wurde dieses Dorf bei Cottbus von den meisten Bewohnern verlassen. Durch die sinkende Braunkohlenachfrage bekam der Ort noch einmal eine Galgenfrist. Autonome Gruppen und Umweltschützer nahmen die verlassenen Häuser in Besitz und versuchten die Öffentlichkeit über die ökologischen Folgen des Tagebaus zu informieren. Denn abgesehen von der Zerstörung der Landschaft im Abbaugebiet droht auch umliegenden Gebieten die Versteppung, da das Grundwasser bis in eine Tiefe von 60 Metern abgepumpt wird. In der strukturschwachen Lausitz haben ökologische Argumente jedoch nur wenig Gewicht. Demnächst soll Lakoma endgültig verschwinden. Inzwischen werden von Bewohnern geräumte Häuser sofort von Baggern zerstört, um den Zuzug von neuen Besetzern zu verhindern.

Durch das Bildhauersymposium kommt wenigstens für ein paar Tage noch einmal Leben in das sterbende Dorf. Auf einer großen Wiese hämmert und sägt ein bunt gemischtes Völkchen aus Schülern, Studenten und professionellen Holzbildhauern an ihren Plastiken. Vor allem mit den Teilnehmern aus Osteuropa hapert es mit der verbalen Kommunikation, aber mit vielen Gesten und gutem Willen scheint die Verständigung trotzdem zu klappen.

Von Lakoma aus unternehme ich noch einen Vorstoß in das abgesperrte Terrain des Tagebaus. Ich pirsche durch das versteppte Gelände bis an den Rand der etwa 60 Meter tiefen Abbaugrube, um einen Blick in diese Mondlandschaft mit den riesigen Kränen und den dagegen winzig klein erscheinenden Schienen und Zügen zum Abtransport der Kohle zu werfen. Dabei mischt sich in meinen ökologisch korrekten Ärger über die Landschaftszerstörung eine unkorrekte ästhetische Begeisterung für die verschiedenen Brauntöne des Reliefs dieses wüstenartigen Geländes.

Einen Euro muss ich bezahlen, damit ich beim Verlassen von Cottbus das Gelände der ehemaligen Bundesgarten-

schau durchqueren darf. Dafür kann ich an sorgfältig gepflegten Blumenbeeten und frisch gemähten Rasenflächen vorbeigehen. Aber erst nachdem ich dieses Areal wieder verlassen habe, komme ich zu einem wirklichen Meisterwerk der Gartenkunst: dem Branitzer Park, den einer der widersprüchlichsten Deutschen des 19. Jahrhunderts gestaltet hat. Fürst Hermann Pückler-Muskau war preußischer Offizier, Schriftsteller, Weltreisender, Lebemann und Gartenarchitekt in einem. Er verband die Treue zu seiner Ehefrau mit zahlreichen Liebschaften, seinen Adelsstand mit einer weitgehend republikanischen Gesinnung, einen kosmopolitischen Lebenswandel mit seiner Meldung als Kriegsfreiwilliger gegen Frankreich im Alter von 85 Jahren. Nachdem Pückler sein ursprüngliches Schloss Muskau wegen Geldmangels verkaufen musste, begann er als über 60-Jähriger mit unglaublicher Energie die traurige Umgebung des verwahrlosten Landschlosses Branitz in einen zauberhaften englischen Park zu verwandeln. Riesige Bäume wurden über große Distanzen transportiert, um hier neu gepflanzt zu werden. Weit über hundert Arbeiter waren jahrelang beschäftigt, um, nur mit Schaufeln und Schubkarren ausgestattet, eine hügelige Landschaft mit Seen und Wasserläufen zu modellieren. Doch von all diesen Mühen ahnt der unbefangene Besucher nach 150 Jahren nichts mehr. Vielleicht war der Park in seiner langen Geschichte noch nie so schön wie heute, alles wirkt auf den ersten Blick selbstverständlich und natürlich. Nur beim genaueren Hinsehen wird deutlich, dass diese Schönheit eine raffinierte romantische Inszenierung ist. Die sorgfältig geplanten Wege vermitteln dem Spaziergänger immer wieder neue Landschaftserlebnisse, die Ausblicke auf das sich im Wasser spiegelnde Schloss sind genau kalkuliert.

Im Schlosscafé begegne ich einer Erinnerung an Pücklers legendäre schwarze Geliebte Machbuba. Während seiner siebenjährigen Orientreise hatte der Fürst diese abessinische Schönheit auf dem Sklavenmarkt von Kairo gekauft. Auf den Festen des europäischen Adels wurde Machbuba in Begleitung des in orientalischen Gewändern auftretenden Fürsten Pückler als eine Sensation bestaunt. Für Pückler war sie die große Liebe, der er, als Machbuba jung verstarb, über viele Jahre nachtrauerte. Die heutigen Gäste können sich nun wenigstens einen Machbuba-Eisbecher bestellen, der von zwei Schokoküssen gekrönt wird.

»Zentrum für Entschleunigung« – beim ersten Rundgang in Görlitz weckt dieses Schild meine Neugier. Alle Türen sind offen, so finde ich mich schnell in einem weit über hundert Quadratmeter messenden Raum mit frisch geöltem Dielenboden wieder. In mehreren Nischen hängen große, mit breitem Pinsel gemalte abstrakte Bilder, in einigen Ecken liegen im Kreis angeordnete Sitzkissen auf dem Boden, im hinteren Teil des Raumes ist eine Installation aufgebaut. Eine Frau mit ausländischem Akzent beantwortet meine Fragen. Was dieses Zentrum hier ist, kann sie mir allerdings nicht genau sagen. »Das hängt von den Leuten ab, die hierher kommen und etwas machen. Vielleicht etwas Künstlerisches oder Meditation oder ein Gesprächskreis, in dem die Teilnehmer gemeinsam nachdenken und philosophieren.« Ihr Chef habe das ganze Gelände gekauft und eine Pension eingerichtet. Dann sei eben noch dieser große ungenutzte

Raum übrig geblieben, und da habe er die Idee gehabt, ihn dafür zu nutzen. »Nun muss man sehen, was daraus wird.«

Als die Frau mir erzählt, dass sie gebürtige Holländerin sei, frage ich nach, was sie denn ausgerechnet hier in den äußersten Osten von Deutschland geführt habe. »Die Liebe«, aber mittlerweile liebt sie auch die Stadt. »Ich bin schon viel in der Welt herumgekommen, aber Görlitz ist eine der schönsten Städte, die ich kenne. Es fehlen nur die Leute.« 40000 Einwohner hat Görlitz noch, und jedes Jahr werden es 2000 weniger. »Von einzelnen Schulklassen gehen bis zu 80 Prozent der Schüler nach dem Abschluss hier weg, das spürt man.« Dabei kenne sie keine Stadt, in der man so schön, ruhig und billig wohnen kann. »Aber es gibt einfach nicht genügend Arbeit.«

Bei meinem Stadtrundgang bin ich schnell von der Begeisterung der Holländerin angesteckt. Ich kenne keine andere deutsche Altstadt, die ein so intaktes Ensemble von Häusern aus dem Mittelalter und der Renaissance aufweisen kann. An vielen Plätzen kann ich mich nach allen Seiten drehen, ohne ein das harmonische Gesamtbild störendes Gebäude zu entdecken. Meist wurde sorgfältig darauf geachtet, dass auch durch gewerbliche Nutzung die Atmosphäre nicht zerstört wird. Über historische Innenhöfe komme ich in Geschäfte mit stilvoll renovierten alten Räumen. Mir fällt es schwer, mich für eine der preiswerten Gaststätten in gotischen Kreuzgewölben zu entscheiden. Nach Einbruch der Dunkelheit wird alles noch schöner. In den Laubengängen rund um den Marktplatz fühle ich mich nach Italien oder Prag versetzt.

An einer zum Verkaufsstand umgebauten Fahrradrikscha kaufe ich einen Architekturführer der Görlitzer

Altstadt. Der Verkäufer ist auch der Autor des Buches. Er hatte jahrelang als Architekt Häuser renoviert und musste sich, als dieses Geschäft nachließ, etwas Neues einfallen lassen. Nun arbeitet er als Einmannbetrieb und macht Bilder, Texte und Layout alles selbst. Offensichtlich hat er eine Marktlücke entdeckt. Die Schönheit von Görlitz spricht sich herum, und es kommen immer mehr Besucher. Der Tourismus ist die einzige Wachstumsbranche in Görlitz.

Die Schönheit der Stadt beschränkt sich nicht auf die mittelalterliche Altstadt. Eine städtebauliche Blüte Ende des 19. Jahrhunderts hat ihre Spuren in Gestalt eines prächtigen Gründerzeitviertels hinterlassen. In dieser Gegend überrascht mich ein weitgehend original erhaltenes Kaufhaus von 1909 mit einem Glasdach, wie ich es bisher nur in Paris gesehen habe. Auch den lupenreinen Jugendstilbahnhof, dessen Haupteingang symmetrisch auf die Hauptachse des Viertels mit meist noch ziemlich vernachlässigten Fassaden ausgerichtet ist, hätte ich hier nicht erwartet.

Aus dem Fenster meines Pensionszimmers schaue ich über die Neiße auf den polnischen Teil von Görlitz. In der grauen Häuserfront auf der polnischen Flussseite fällt ein kleines Haus durch seine frische rote Farbe auf. Dort wohnte vor 400 Jahren der berühmteste Görlitzer Bürger. Jakob Böhme war ein Schuster, der nicht bei seinem Leisten blieb und zum religiösen Mystiker und Philosophen wurde. In einer kleinen Ausstellung beeindruckt mich Böhmes bildhaft poetische Sprache. Sein Grab finde ich auf einem verwunschenen Friedhof mit vielen zum Teil verfallenden Grabdenkmälern vergangener Jahrhunderte.

Eigentlich wollte ich Herrn Körber auf der Straße nur nach dem Weg fragen. Doch sehr schnell wird klar, dass dieser sportlich wirkende, gut 50-jährige Herr mir noch mehr zu sagen hat. Und offensichtlich hat er auch Zeit und Lust dazu, mir etwas über die Geschichte und die derzeitigen Verhältnisse in Görlitz zu erzählen. So erfahre ich von dem Görlitzer Millionenspender, einem anonymen Mäzen, der sich verpflichtet hat, jährlich eine Million Mark für die Renovierung der Görlitzer Innenstadt zu spenden, unter der einzigen Bedingung, dass seine Person anonym bleibt.

Noch spannender wird es, als ich mich traue, Herrn Körber nach seiner eigenen Geschichte zu fragen. Er offenbart sich als früherer Offizier der Nationalen Volksarmee und ehemals überzeugter Anhänger des DDR-Systems. »Da habe ich Schuld auf mich geladen. Ganz klar, dass mich danach im staatlichen Bereich keiner mehr haben wollte.« Im Augenblick hält sich Herr Körber mit Aushilfsjobs über Wasser und muss mit 600 Euro im Monat auskommen. Aber trotzdem ist er froh, dass die DDR-Zeiten vorbei sind, und erleichtert, dass der Wechsel so glimpflich verlief. An die entscheidende Zeit erinnert er sich: »In den Tagen um die Wende habe ich nur Angst gehabt. Angst, dass wir von oben den Befehl bekommen zu schießen, dafür waren wir ja schließlich ausgebildet, oder dass ich von den Leuten an einen Baum geknüpft werde. Ich kann es immer noch kaum fassen, dass am Ende alles so friedlich abging.« Heute ist er stolz, wie schön Görlitz mittlerweile geworden ist, und glücklich, dass er unbehelligt leben kann. »Damals hätte ich nie geträumt, dass ich das noch erleben darf.«

In dem kleinen Städtchen Königstein, nahe der tschechischen Grenze, beginne ich meinen Weg durch die Sächsische Schweiz, einer der bekanntesten Bilderbuchlandschaften Deutschlands. Die Elbe hat sich bei Königstein nur ein enges Tal durch das Sandsteingebirge gebahnt. Diese landschaftlich reizvolle Lage wurde der Stadt bei der Jahrhundertflut im Jahre 2002 zum Verhängnis. Der Fluss erreichte Pegelstände von zehn Metern über Normal und überschwemmte große Teile der Altstadt. Die Folgen sind immer noch unübersehbar, eine Reihe beschädigter Häuser steht leer. Trotzdem treffe ich hier schon wieder zahlreiche Touristen, die vor allem wegen der über der Stadt liegenden riesigen mittelalterlichen Festungsanlage kommen. Mein Aufstieg zur Festung wird durch einen herrlichen Ausblick auf das Elbtal und die Berge der Sächsischen Schweiz belohnt. Nur wenige Kilometer elbabwärts sehe ich an dem berühmten Aussichtspunkt Bastei eine ganze Reihe von bizarren Felsformationen aus der Nähe. Hier ließ sich Caspar David Friedrich zu phantastischen Landschaftsbildern wie dem *Wanderer über dem Nebelmeer* inspirieren.

Bernardo Bellotto, der sich selbst Canaletto nannte, wurde als Maler durch Ansichten seiner Heimatstadt Venedig weltberühmt. Trotzdem nennt sich auch das sächsische Elbstädtchen Pirna mit Recht Canaletto-Stadt. Denn Canaletto hatte sich in seiner Dresdener Zeit von 1747 bis 1758 für den nur wenige Kilometer elbaufwärts gelegenen Ort begeistert. Als Hofmaler von August dem Starken konnte er sich viele Motive selbst auswählen, und so kehrte er immer wieder in diese Gegend zurück. In einer Buchhandlung kann ich mir einen Bildband von Canalettos Gemälden ansehen. Im Gegen-

satz zu den repräsentativen Ansichten von Venedig und Dresden war er bei seiner Arbeit in Pirna bestrebt, realistische Abbilder des Lebens zu schaffen. Vor der Kulisse der Kleinstadt werden die Menschen bei ihren alltäglichen Beschäftigungen gezeigt. Dadurch vermittelt Canaletto ein farbiges Bild des zeitgenössischen Lebens in Pirna. Und mit Stolz weist man mich darauf hin, dass die Gebäude rund um den Marktplatz, die Canaletto auf seinen Gemälden festhielt, auch heute noch weitgehend unverändert erhalten sind.

Zuletzt hatte ich vor 38 Jahren neben Michael gesessen, damals allerdings ein ganzes Jahr in der 10. Klasse. Seither hatten wir uns nur zwei-, dreimal bei Ehemaligentreffen gesehen und uns mehr oder weniger aus den Augen verloren. Durch Zufall erfahre ich, dass Michael in Dresden lebt. Ich rufe ihn an, um zu fragen, ob er Lust habe, sich mit mir in einer Kneipe zu treffen. »Kein Problem, du kannst gerne bei mir übernachten.« Aber als wir uns in der Stadt treffen, steht zunächst kein Kneipenbesuch zur Debatte. Ungefragt beginnt Michael unser Treffen mit einer Stadtführung. Nach kurzer Zeit bin ich in seinem Bann. Seit gut zehn Jahren ist Michael mit der Restaurierung von Baudenkmälern des sächsischen Staates in Dresden beschäftigt und hat daher eine Menge zu erzählen. Darüber hinaus kann er mir erklären, wie Dresden nicht nur unter den Bombenangriffen während des Krieges, sondern auch durch das DDR-Regime baulich gelitten hat. Ich erfahre zum Beispiel, dass die Sichtachse zwischen den als feudalistisch angesehenen Elbschlössern und der Dresdner Stadtsilhouette aus ideologischen Gründen durch hohe Plattenbauten zerstört wurde, oder aber, dass ausgerechnet die Vergoldung des berühmten Reiterstandbildes Augusts des Starken eine Erfindung der DDR-Zeit ist.

Michael weiht mich in die aktuellen Diskussionen ein, wie historische Bauten für den modernen Betrachter erlebbar gemacht werden können. Soll der Zwinger nachts mit Scheinwerfern strahlend hell erleuchtet werden oder nur durch eine punktuelle Beleuchtung, die die Struktur der Fassaden betont? Darf eine Firma auf einem nahe gelegenen Gebäude eine Werbung anbringen, die bei Dunkelheit in den Zwingerhof scheint? Müssen moderne Bauelemente als solche erkennbar sein, oder sollten sie sich scheinbar unsichtbar in die historische Substanz einfügen? Welche Plattenbauten passen sich dem Maßstab der historischen Bebauung an? Welche sollten abgerissen, welche renoviert werden und als historische Zeugnisse erhalten bleiben? Noch nie sind mir bei einer Stadtführung so viele Zusammenhänge zwischen Bausubstanz und Geschichte klar geworden.

Michael ist in den vergangenen Jahren ein Wossi geworden. Er schätzt die zum Teil bessere Ausbildung der Kollegen aus dem Osten und ihr solidarisches Miteinander. Er kommt nur noch selten in den Westen und fühlt sich gegenüber besserwisserischen Westlern, die den Osten als Karrieresprungbrett nutzen, wie ein Einheimischer, der sich mit dem in den letzten Jahren Erreichten identifiziert.

Nach zweieinhalb Stunden sitzen wir dann endlich doch noch bei einem Wein zusammen, Michael, der in seiner Arbeit seine Berufung gefunden hat, und ich, der berufliche Aussteiger, und wir verstehen uns prächtig. Beim Abschied habe ich das Gefühl, dass Michael am liebsten noch ein Stück mit mir gehen würde. Ein wenig beneidet er mich doch um mein ungebundenes Unterwegssein. Vor allem aber hätte er mir noch eine Menge zu erzählen über die Sehenswürdigkeiten, die mich auf meinem heutigen Weg entlang des Elbtals und abends in Meißen erwarten.

Im Gegensatz zu meinem kurzen Besuch in Meißen im Jahr 1991 ist die Stadt nicht wiederzuerkennen. Damals war alles noch grau in grau. Heute ist fast die ganze Innenstadt bestens restauriert und begeistert mich mit ihrer hügeligen Stadtlandschaft und der darüber wachenden Albrechtsburg. Von der Flutkatastrophe ist nur noch wenig zu sehen.

Mein Pensionswirt erzählt mir, dass im Frühstücksraum das Wasser bis zur Oberkante des Türrahmens stand. Trotzdem erhielt er auf seinen Entschädigungsantrag zunächst den Bescheid, dass sein Haus gar nicht von der Flut betroffen sei. Erst durch ein Zeitungsfoto konnte er das Gegenteil beweisen, erhielt aber letztendlich nur ein Fünftel der geschätzten Schadenssumme von 70000 Euro. Das reichte gerade aus, um Material zu kaufen und die Schäden in Eigenarbeit zu beseitigen. Da keine Gäste kamen, hatte er allerdings in den Monaten nach der Katastrophe sowieso nichts anderes zu tun. Auch jetzt sind die Besucherzahlen noch immer nicht auf dem früheren Stand. Aber der Wirt tröstet sich: »Irgendwie muss ich ja weitermachen. Wenn ich auf die Bank gehe und einen Überbrückungskredit will, lachen die mich aus. Doch wenn ich als Kleiner keine Schulden machen darf, kann ich wenigstens auch nicht Pleite gehen.«

Ein paar Kilometer nach Meißen verlasse ich das Elbtal nach Nordwesten Richtung Leipzig. In den letzten Tagen hatte ich schon mehrfach Steinsäulen aus dem 18. Jahrhundert gesehen, auf denen die Entfernungen zwischen den sächsischen Städten in Wegstunden angegeben waren. Dabei wurde immer auch die Strecke Dresden – Oschatz – Leipzig genannt. Auf diesem alten Postweg bewege ich mich nun. Oft lässt sich auf solchen alten Wegen schön wandern. Heute aber habe ich Pech, denn der Weg entspricht der modernen Bundesstraße. Mehrfach konsultiere ich die Karte mit dem Ergebnis, dass ich für eine ruhigere Alternative weite Umwege in Kauf nehmen müsste. So marschiere ich fast 20 Kilometer entlang der Straße. Um an mein Ziel zu kommen, nehme ich heute eine Minderung der Lebensqualität in Kauf. Zum Glück ist das auf dieser Reise eine Ausnahme.

Meine Berliner Freundin Ulla hatte mir ihre Geburtsstadt Oschatz ans Herz gelegt, in der ihre Vorfahren eine Poststation mit Gasthof betrieben hatten. Zwar musste das Posthaltergebäude nach dem Krieg einem Busbahnhof weichen, aber sonst hat sich in dem kleinen Provinzstädtchen seit Mitte des 19. Jahrhunderts baulich wohl wenig verändert.

Auf Ullas Rat hin klettere ich die 199 Stufen auf den Kirchturm, um die Türmerwohnung zu besichtigen, die zuletzt von 1899 bis in die 60er Jahre von einer Familie Quietzsch bewohnt wurde. In drei winzigen Räumen hat das Türmerehepaar hier zwölf Kinder großgezogen. Wasser wurde im Eimer vom Marktbrunnen hochgeschleppt. Nacht für Nacht musste jede Viertelstunde ein Mitglied der Familie eine Runde drehen, um nach Feuer in der

Stadt Ausschau zu halten. Das knappe Türmersalär besserte der Vater Quietzsch durch Schuhmacherarbeiten auf. Aber dieses karge Leben ist dem Ehepaar offensichtlich gut bekommen. Sie wurden beide weit über 90 und lebten bis zu ihrem letzten Tag auf dem Turm.

Heute suche ich mir einen beschaulicheren Weg abseits großer Straßen in Richtung Grimma. Am Nachmittag komme ich durch einige verschlafene, in hügeliger Landschaft eingebettete, ärmlich wirkende Orte. Es gibt nirgends einen Laden, sodass ich in einem Haus um Wasser bitte. Für die bevorstehende Europawahl hat hier überwiegend die NPD plakatiert. Ein Plakat zeigt Schröder und Merkel mit dem Text: »Lasst Euch von denen nicht verarschen.« Auf einem anderen wird einer Gruppe von Türken mit großen Plastiksäcken hämisch »eine gute Heimreise« gewünscht. Es ist das erste Mal, dass für mich in den neuen Bundesländern Rechtsradikalismus so dominierend in Erscheinung tritt. Kurz darauf zeigt mir ein junger Autofahrer den Stinkefinger, ohne dass ich weiß, welchen Anlass ich ihm dafür geboten hätte. Als ich im nächsten Ort eine Gruppe Jugendlicher am Straßenrand stehen sehe, wechsle ich lieber die Straßenseite, um etwas Abstand zu halten. Doch als ich bei einem Hinweisschild kurz stehen bleibe, werde ich trotzdem sofort von hinten angesprochen: »Wo wollen Sie denn hin, wir können Ihnen bestimmt helfen!« Dass ich eine Ermutigung brauchen kann, ist mir heute wohl an der Nasenspitze anzusehen, denn zwei Kilometer weiter ruft mir eine junge Frau vom Fahrrad plötzlich zu: »Ich wünsche Ihnen noch eine schöne Wanderung!«

Als Erstes sehe ich von Grimma die 2002 während der

Flut zerstörte Barockbrücke. Da sie das Hochwasser in der Innenstadt begünstigt hatte, soll sie nicht in alter Form wiederhergestellt werden. In der Innenstadt bin ich verblüfft, dass die Schäden der Katastrophe schon weitgehend behoben sind.

Im Nachtquartier setzt sich mein heutiges Wechselbad der Gefühle fort. Der Pensionswirt beobachtet mich mit Misstrauen und verlangt, dass ich mein Zimmer sofort bezahle. Beim Frühstück sitze ich mit einer Reihe von älteren Herrschaften, die zum Ehemaligentreffen ihrer Schule nach Grimma kamen. Beherrschendes Gesprächsthema ist die Flutkatastrophe; ein Buch mit zahlreichen Fotos aus diesen Tagen wird herumgereicht. Auf den ersten Seiten ist Gerhard Schröder während seines Stadtbesuches, ernst und entschlossen aus dem Regenzeug blickend, zu sehen. Beeindruckend sind die Bilder vom überfluteten Marktplatz und der Hauptstraße, in der die Beschriftungen der Geschäfte über den Schaufenstern zum großen Teil unter Wasser standen. Die Wirtin berichtet, wie die Familie tagelang damit beschäftigt war, die bis ins Obergeschoss eingedrungenen Schlammmassen aus dem Haus zu entfernen. Bei den Berichten über die Flut ist die Dankbarkeit über die in diesen Wochen erfahrene Hilfe spürbar.

Doch ich bin nicht gekommen, um die Folgen der Flut zu studieren. Vielmehr habe ich den Umweg über Grimma in Kauf genommen, weil hier Johann Gottfried Seume am 6. Dezember 1801 zu seinem berühmten *Spaziergang nach Syrakus* aufgebrochen ist. Vor Jahren hatte ich sein Buch über diesen neunmonatigen Fußmarsch nach Sizilien gelesen und war dadurch bestärkt worden, selbst einmal loszugehen. Im Gegensatz zu den damaligen Bildungsreisenden wie Goethe, die sich mit der Kutsche durch das Land, wo die Zitronen blühen, bewegten, begegnete der Fußgänger Seume den Menschen in Augenhöhe. Während Goethe sich für antike Ruinen begeisterte, interessierte sich Seume für die Schwierigkeiten, mit denen die kleinen Leute unter der französischen Besatzungsarmee zu kämpfen hatten. Dazu brauchte der Bauernsohn Seume von keinem hohen Ross zu steigen. Als zwangsrekrutierter Söldner hatte er in Amerika und Polen alle erdenklichen Niederungen menschlicher Existenz erfahren. Auch später war er vom Pech verfolgt. Sämtliche Liebesbeziehungen verliefen unglücklich, und seine Versuche, durch eine akademische Laufbahn eine sozial gesicherte Stellung zu erreichen, scheiterten. Zwar hatten ihm adlige Gönner Schulbildung und Studium ermöglicht, und durch seine direkte und aufrechte Art gewann er Freunde wie beispielsweise die Dichter Wieland und Schiller, den Maler Schnorr von Carolsfeld sowie den Verleger Göschen. Trotzdem war er immer ein Außenseiter. Auch die Jahre vor 1801, in denen er bei Göschen in Grimma als Lektor gearbeitet hatte, blieben in seinem rastlosen Leben eine Episode. Querelen mit dem Schriftsteller Klopstock, dessen Werk er bearbeitete, und vermutlich eine unglückliche Liebesgeschichte trieben ihn fort. Vor allem im Wandern entfaltete sich die schillernde Persönlichkeit Seumes als Querdenker, scharfer Beobachter und Chronist der politischen und sozialen Missstände seiner Zeit.

Auf einer Anhöhe über Grimma besichtige ich das im Biedermeierstil möblierte Haus seines Arbeitgebers Göschen mit seinem verwunschenen Garten. In dem zum Andenken Seumes eingerichteten Zimmer führt mir eine Packliste des Rucksacks seiner Italienreise wieder einmal drastisch vor Augen, dass ich viel zu viel Gepäck mit mir herumschleppe.

Obwohl Seumes Weg auf seiner Wanderung nach Syrakus von Grimma nach Dresden führte, bleibe ich in Richtung Leipzig auf seinen Spuren, denn zu Theaterbesuchen war er den sechsstündigen Fußweg von Grimma nach Leipzig öfter gegangen. Auf meinem heutigen Weg durchquere ich das Gebiet der Leipziger Völkerschlacht von 1813, bei der die vereinten Truppen von Preußen, Österreichern und Russen das Heer Napoleons entscheidend schlagen konnten. Mehrmals passiere ich Gedenksteine, die an dieses furchtbare Gemetzel erinnern, bei dem etwa ein Drittel der 450000 beteiligten Soldaten fiel. Als Orientierungspunkt dient mir das gewaltige Völkerschlachtdenkmal am Stadtrand von Leipzig, das 1913 zum hundertjährigen Jahrestag der Schlacht erbaut wurde. Als ich im Abendlicht dort ankomme, spiegelt sich die spitze Pyramide des 91 Meter hohen Riesenmonuments in dem davor liegenden See. Rundherum wimmelt es von schwarz gekleideten Jugendlichen, die zu einem Wave-Gothic-Konzert in der Kuppelhalle des Denkmals hierher gekommen sind. Für das Konzert sind dort die zehn Meter hohen Kolossalstatuen, die die kriegerischen Tugenden Tapferkeit, Volkskraft, Opferfreudigkeit und Glaubensstärke darstellen, farbig beleuchtet.

Das an der Außenseite in großen Steinlettern gehauene Motto »Gott mit uns« lässt erahnen, warum dieses monströse Denkmal noch hundert Jahre nach der Schlacht gebaut wurde. Das »Gott mit uns« war 1913 bereits die Parole der geistigen Mobilmachung für den nächsten Waffengang gegen den Erbfeind Frankreich. Die Geschichte des Völkerschlachtdenkmals erinnert mich an einen Satz, den ich vor ein paar Wochen in der Rheinsberger Tucholsky-Ausstellung gelesen hatte: »Jede Glorifizierung eines Menschen, der im Kriege getötet wurde, bedeutet drei Tote im nächsten Krieg.«

Spurensuche – von Bach zu Goethe

Leipzig – Lützen – Röcken – Weißenfels – Naumburg – Schulpforta – Bad Kösen – Weimar – Buchenwald – Erfurt – Arnstadt – Ilmenau – Sonneberg

Als ehemaligen Chorknaben zieht es mich am Pfingstsonntag in die Thomaskirche, in der Hoffnung, den Thomanerchor zu hören. Und siehe da, ich habe Glück, die Thomaner singen die Bachkantate »Wer mich liebet, der wird mein Wort halten«. In meiner Kindheit war die Kirche, an der Bach über viele Jahre wöchentlich eine Kantate aufführte, eine ferne Legende. Heute kostet es mich gerade einen Morgenspaziergang, dabei zu sein. Das ist ein Wunder.

Bei meinen Wegen durch Leipzig stechen mir die Gegensätze ins Auge. Im Zentrum erstrahlt die historische Bausubstanz in neuem Glanz. In den Vorstädten dagegen gehe ich durch fast verlassene Straßenzüge mit vielen verwahrlosten und zum Teil leer stehenden Häusern.

Noch ein Ort der Musikgeschichte zieht mich an. Im Salon von Felix Mendelssohn-Bartholdys Wohnung findet ein Kammermusikkonzert statt. Unter Musikern wird Mendelssohn häufig als ein zweitrangiger und epigonaler Komponist angesehen, dem gerade mal einige wenige geniale Stücke wie die Musik zum *Sommernachtstraum*, das Violinkonzert und die italienische Symphonie zugebilligt werden. Wie ungerecht dieses Urteil ist, mache ich mir beim Besuch seines Hauses noch einmal bewusst. Denn Mendelssohn engagierte sich nicht nur für die Wiederentdeckung Bachs, dirigierte Uraufführungen der großen C-Dur Symphonie Schuberts und wichtiger Werke Schumanns. Auch seine eigenen Kompositionen sind wie bei kaum einem anderen Komponisten Reflexionen über die Musik seiner Vorgänger und Kollegen. Diese Musik über Musik empfinde ich als äußerst originell und spannend.

Die Ausstellung bringt mir noch andere Seiten des Komponisten näher. Die auf zahlreichen Reisen gemalten Aquarelle zeigen auch seine Begabung als Maler. Mendelssohns Arbeitszimmer präsentiert sich so lebensnah, dass ich mir gut vorstellen kann, wie der nur ein paar Straßen weiter wohnende Robert Schumann abends zu einem Glas Wein vorbeikam, bei dem die beiden sich über ihre kompositorische Arbeit unterhielten.

In einer Gartenwirtschaft ein paar Kilometer westlich von Leipzig sitzt ein etwa 50-jähriger Mann am Nachbartisch. Ich muss mich nicht sonderlich anstrengen, um mit ihm ins Gespräch zu kommen. Schon bei der erstbesten Gelegenheit teilt er mir seine Wut und Frustration mit. Gerhard ist gelernter Schlosser, hatte sich aber vor der Wende auf eine verantwortungsvolle Position in der Verwaltung hochgearbeitet. Nachdem sein Betrieb Anfang der 90er Jahre geschlossen wurde, begann seine Misere. 1991 machte er sich als Handelsvertreter selbständig. »Das hätte ich nie machen sollen.« Er verkaufte Werbeartikel mit dem Aufdruck der jeweiligen Firma. »Am Anfang lief es prima, später kamen andere auf dieselbe Idee«, und das Geschäft ließ langsam nach. Einige größere Aufträge gingen ihm durch die Lappen, ein paar ausstehende Rechnungen wurden nicht bezahlt, und plötzlich hatte er einen Berg Schulden. »Ich habe das viel zu spät bemerkt.« Bald darauf gab es Streit mit seiner Frau, mittlerweile ist er geschieden. Vor ein paar Tagen zog er in eine kleinere Wohnung, da er die alte nicht mehr bezahlen konnte. Wie er die neue bezahlen soll, weiß er aber auch noch nicht. »Bei der Wohngeldstelle wollten die eine Lohnabrechnung. Bis ich denen erst mal erklärt hatte, dass ich als Selbständiger keinen Lohn bekomme!« Wegen der Wasserrechnung in seiner alten Wohnung liegt er mit den Stadtwerken im Clinch. »Die haben mir zu viel Grundgebühr berechnet.« In der neuen Wohnung fehlt der versprochene Herdanschluss. »Deshalb muss ich essen gehen, obwohl ich mir das eigentlich gar nicht leisten kann.« Ärger an allen Fronten. »Ich könnte jede Menge Anwälte beschäftigen.« In seiner Frustration holt er zum großen verbalen Rundumschlag aus. »Ich weiß auch nicht, wie lange das mit diesem Staat noch so weitergehen kann. Die Ausländer kriegen vom Sozialamt Kohle ohne Ende. Denen geht's besser als mir. Für irgendeinen Quatsch wie Kunst am Bau geben sie weiß ich nicht wie viel Geld aus. Und beim Fernsehen zahlen sie den Schauspielern von unserem Geld 10000 Euro für den Drehtag. Das ist doch nicht normal.« Ich bin einigermaßen ratlos, was ich Gerhard erwidern soll. Wer bietet den Menschen, die nach der Wende derartig unter die Räder gekommen sind, eine hoffnungsvollere Perspektive?

Westlich von Leipzig steuere ich als ersten größeren Ort Lützen an, da ich mir im dortigen Heimatmuseum noch einen Seume-Gedenkraum ansehen will. Doch hier steht ein ganz anderes Thema im Vordergrund. Am 16. November 1632 fand bei Lützen die blutigste Schlacht des Dreißigjährigen Krieges statt, bei der König Gustav II. Adolf von Schweden, der Führer der evangelischen Partei, getötet wurde. Im Museum wird mit niedlichen Zinnsoldaten die Gefechtsformation dieser Schlacht nachgestellt. Auf Knopfdruck leuchten in kleinen Häuschen, die Lützen darstellen, rote Lämpchen auf. Sie symbolisieren, dass der katholische Heerführer Wallenstein, der noch die Nacht in Lützen verbracht hatte, während der Schlacht den ganzen Ort niederbrannte. Die ausgestellten Schautafeln machen deutlich, wie sehr bis zum Kriegsende 1648 die mehrfach durchziehenden Heere diese heute so beschaulich erscheinende Gegend verwüstet und die Bevölkerung drastisch dezimiert haben.

Nur zwei Kilometer weiter stoße ich zufällig auf eine ganz andere Erinnerung. In dem kleinen Ort Röcken bilden eine hübsche Kirche, ein altes Pfarrhaus und ein romantischer Friedhof ein idyllisches Ensemble. Hier wurde am 15. Oktober 1844 Friedrich Nietzsche als erster Sohn des hiesigen Pfarrers geboren. Umsorgt von der Mutter und zwei im Haushalt lebenden Tanten, erlebte Nietzsche hier sein Paradies, dem er lange nachtrauerte. Denn schon sechs Jahre später musste er diesen Ort nach dem frühen Tod seines Vaters verlassen. Auch heute noch scheint die heile christliche Welt hier vollkommen intakt, als habe Nietzsche seinen *Antichrist* nie geschrieben. Nietzsches Grab befindet sich direkt an der Kirchenmauer neben dem seiner Schwester Elisabeth Förster-Nietzsche. Und im Pfarrhaus wurde eine Gedenkstätte für den Philosophen eingerichtet. Auch wenn Nietzsche in seinem *Also sprach Zarathustra* den Tod Gottes verkündet hatte, zumindest posthum ist er in den Schoß der Kirche zurückgekehrt. Röcken ist die kleine protestantische Welt, von der sich Nietzsche in seinem Werk so heftig distanzierte, der er aber andrerseits lebenslang verhaftet blieb.

Auf meinem Weiterweg gehe ich auf einer baumgesäumten Pflasterstraße. Am Horizont schicken die Schornsteine der Chemiewerke Leuna, die zu DDR-Zeiten die Umgebung verpestet hatten, nur noch ein paar vereinzelte Wölkchen gen Himmel. Dann kreuze ich die Autobahn, auf der ich früher öfter im Transitverkehr nach Berlin unter strengster Einhaltung der Geschwindigkeitsbegrenzung gefahren bin. Hier in der Gegend muss das große Werbeschild für »Plaste und Elaste aus Schkopau« an der Autobahnbrücke zu lesen gewesen sein, für mich damals immer eine der wenigen Erheiterungen auf der sonst so öden Transitstrecke. Für die letzten Kilometer bis Weißenfels finde ich in der Abenddämmerung einen romantischen Weg entlang der Saale.

Weißenfels zeigt sich mir bei meinem Eintreffen nicht von seiner besten Seite. Nach Einbruch der Dunkelheit lässt die spärliche Straßenbeleuchtung eine Reihe von vernachlässigten Bürgerhäusern vergangener Jahrhunderte in einem traurigen Licht erscheinen, und ein Nieselregen hat auch noch die allerletzten Menschen von den Straßen vertrieben. Der Wirt eines Döner-Lokals wirkt überrascht, dass überhaupt jemand kommt, und behandelt mich so zuvorkommend wie einen Staatsgast. Die Zimmerwirtin empfängt mich dagegen mit einem Klagelied: »Weißenfels ist eine sterbende Stadt. Es ist kein Geld mehr da. Alles wird immer weniger. Vor der Wende hatten wir eine Schuhfabrik und die Chemiewerke von Leuna in der Gegend. Jetzt können hier nur noch die Alten leben, die ihre Rente sicher haben. Die Jungen sind alle weg. Abends geht keiner mehr aus dem Haus. Ich weiß auch nicht, wie das alles weitergehen soll. Aber was kann ich machen? Wählen gehe ich sowieso nicht mehr.«

Doch der nächste Morgen rückt die Stadt in ein freundlicheres Licht. Ein paar Gemüsestände sorgen für Leben auf dem Marktplatz mit der gotischen Marienkirche, dem barocken Rathaus und dem darüber liegenden Schloss Neu-Augustusburg. Manches, was mir am Vorabend trostlos vorkam, kann ich nun als romantisch erleben. Und es wird mir deutlich, dass die Stadt bessere Zeiten erlebt hat: Johann Sebastian Bach führte 1713 zum Geburtstag des Herzogs im noch erhaltenen Jägerhof seine Jagdkantate auf, und der frühromantische Dichter Novalis lebte hier und wird mir in einer Ausstellung in seinem ehemaligen Wohnhaus nahe gebracht.

Die Klage über Weißenfels als einer sterbenden Stadt begegnet mir im Wohnhaus seines berühmtesten Bürgers wieder. Denn als der Gastwirtssohn Heinrich Schütz in den letzten Jahren des 16. Jahrhunderts seine Jugend in Weißenfels verbrachte, raffte die Pest in mehreren Wellen einen großen Teil der Bevölkerung hinweg. Der Tod blieb ihm in seinem langen Leben ein ständiger Begleiter. Schütz durchlebte die Wirren des Dreißigjährigen Krieges; seine Frau und alle seine Kinder verstarben früh. Aber trotzdem ging Schütz unbeirrbar seinen Weg als der bedeutendste deutsche Komponist vor Bach. Nach mehreren Studienjahren in Italien wurde er Hofkapellmeister in Dresden und Kopenhagen. Doch im Alter kehrte er nach Weißenfels zurück und lebte dort noch über zwanzig Jahre in dem Haus, das ich heute besichtigen kann.

Da ich der einzige Besucher bin, darf ich mir die Begleitmusik für meinen Gang durch die Ausstellung über Schützens Lebensweg selbst aussuchen. Man empfiehlt mir die Vertonung des 119. Psalmes, die er 85-jährig als

Schwanengesang seines Schaffens hier komponierte. Der Text enthält Schützens Wahlspruch: »Deine Rechte sind mein Lied in dem Haus meiner Wallfahrt. Herr, ich gedenke des Nachts an deinen Namen und halte dein Gesetz. Das ist mein Schatz, dass ich deine Befehle halte.« Schütz hat diesen Text ernst genommen. Sein Leben und seine Musik waren von einem unerschütterlichen Glauben getragen. Nur so lässt sich erklären, dass ich mich an den Schautafeln über ein Leben inmitten der Schrecken des Dreißigjährigen Krieges informieren kann und gleichzeitig Musik von schlichter Schönheit und unendlicher Ruhe höre.

Die DDR-Zeit hat in dem renovierungsbedürftigen Schloss von Weißenfels durch ein Schuhmuseum noch ein kurioses Überbleibsel hinterlassen. Als krönender Abschluss der Geschichte des Schuhes werden in der Ausstellung die Helden der sozialistischen Arbeit präsentiert, wie sie mit revolutionärem Eifer die Schuhe für die Werktätigen des Arbeiter- und Bauernstaates produzieren. Kein Wort erinnert daran, dass die Schuhindustrie mittlerweile aus Weißenfels vollkommen verschwunden ist und unsere Schuhe meist von Billigarbeitskräften in Südostasien produziert werden. Eigentlich müsste man für diese Ausstellung Denkmalschutz beantragen.

Beim Weitergehen an der Saale erreiche ich, ohne es geplant zu haben, Naumburg, Nietzsches zweite Lebensstation. Das bis dahin behütete Kind musste sich hier nach der Vertreibung aus dem paradiesischen Röcken zum ersten Male einer feindlichen Welt stellen. Nietzsche war von dem rauen Umgang der Schulkameraden und dem Sich-fügen-Müssen in die strengen Regeln eines Schulalltags schockiert und zog sich in die Rolle eines hoch begabten Sonderlings zurück. Mit zehn Jahren komponierte er eine Motette und schrieb Gedichte. Mit 14 hatte er schon eine altkluge Autobiographie verfasst. Er begann sich in einer literarischen Welt einzurichten und fühlte sich in der realen Welt als ein heimatloser Wanderer. Dieses Lebensgefühl, das er zeitlebens bewahrte, drückte er bereits in einem seiner Jugendgedichte aus:

Niemand darf es wagen,
mich danach zu fragen,
wo meine Heimat sei.
Ich bin wohl nie gebunden
an Raum und flücht'ge Stunden,
bin wie der Aar so frei.

Auch in seinen letzten Lebensjahren war Nietzsche noch einmal für längere Zeit in Naumburg. Im Haus seiner Mutter zeigt man mir die Veranda, auf der er in der Zeit nach seinem psychischen Zusammenbruch ab 1890 häufig vor sich hin dämmerte.

Nachdem ich mir noch den romanischen Dom und die prächtige Barockorgel in der Stadtkirche angesehen habe, die nach ihrer Fertigstellung 1746 von dem Orgelsachverständigen Johann Sebastian Bach für gut befunden wurde, gehe ich auf einem Weg weiter, den der junge Nietzsche sicher oft gegangen ist. Denn an einem schattigen Flüsschen entlang komme ich nach einer guten Stunde zu seiner nächsten Lebensstation, der ehemaligen Zisterzienserabtei Schulpforta. In der hiesigen Internatsschule begann für Nietzsche ab 1858 seine umfassende humanistische Ausbildung, die zehn Jahre später in seiner Berufung als Professor für Altphilologie nach Basel mündete.

Bei meiner Ankunft sitzen Schüler grüppchenweise im Park des Schulgeländes unter riesigen Bäumen und genießen den Frühsommernachmittag. Durch einen Nebeneingang schleiche ich mich in die Schulgebäude. In dem gotischen Kreuzgang herrscht ein reges Treiben, nur in der ehemaligen Klosterkirche bin ich allein. Die durch die Kirchenfenster einfallenden Sonnenstrahlen tauchen den Raum in ein farbiges Licht; von einem Band läuft Chormusik. Ich setze mich und lausche Mendelssohns »Denn er hat seinen Engeln befohlen über dir, dass sie dich auf den Händen tragen und du deinen Fuß nicht an einen Stein stoßest«. Mit diesem Stück verbindet mich eigentlich eine eher komische Erinnerung, da wir es in meiner Knabenchorzeit einmal für den silberlockigen Ministerpräsidenten Kurt-Georg Kiesinger als Geburtstagsständchen gesungen hatten. Doch nun habe ich andere Gefühle. Auch wenn mir der Glaube an Engel längst abhanden gekommen ist, berührt mich der Text, und die romantischen Dissonanzen der Musik wärmen mein sentimentales Wandererherz.

Auf einem Plakat wirbt Bad Kösen mit dem Slogan »… das Bad mit Schwung«. Positiv betrachtet sehe ich eher Beschaulichkeit. Der Ort wirkt relativ gepflegt, aber verschlafen. Viele Häuser stehen leer. Ich finde einen Anschlag, der auf die Versteigerung eines denkmalgeschützten Hauses mit 165 Quadratmetern Wohnfläche und 675 Quadratmetern Grundstück hinweist, »Mindestgebot 1000 Euro«. Bei den Wahlplakaten für die Kreistagswahl ist die NPD wieder einmal stark vertreten, zwei deutsch-blonde Mädchen werben »für die Zukunft unserer Kinder ...«, darüber verspricht der Kandidat »für Deutschland. Taten statt Worte«. Als ich gegen halb neun als einziger Gast in ein Restaurant gehe und frage, ob ich noch essen kann, heißt es: »Natürlich, wir sind ja froh, wenn überhaupt jemand kommt.« Die Preise für den Hauptgang bewegen sich zwischen fünf und zehn Euro, und ich werde vorzüglich bedient. Im Gespräch schiebt der Kellner die Schuld für das leere Lokal auf eine Straßenbaustelle, die den Zugang zum Haus erschwert.

Kurz nach Saaleck muss ich mich entscheiden. Eigentlich hatte ich vor, an der Saale entlang weiter Richtung Jena zu gehen. Aber in den letzten Tagen war mir schmerzlich bewusst geworden, dass die mir noch verbleibende Wanderzeit knapp ist. Vor meinem Abschied von Tübingen hatte ich einen Termin für den 8. Juli verabredet, da ich davon ausging, dass ich bis dahin sowieso längst zurück sein werde. Mir war nicht klar, dass ich damit den Zeitpunkt meiner Rückkehr festgelegt hatte. Erst in den letzten Tagen realisiere ich langsam, dass meine diffusen Vorstellungen, wo ich noch überall hingehen wollte, und die mir verbleibende Zeit nicht miteinander in Einklang zu bringen sind. Ich muss darauf verzichten, am Nordrand der Alpen von Osten nach Westen zu gehen. Denn auch meine mir am Anfang unbegrenzt vorkommende Wanderzeit ist endlich. So gehe ich nicht nach Jena, sondern folge dem Ilmtal, um Weimar anzusteuern.

Bald darauf taucht wie eine Fata Morgana Goethes Gartenhaus vor mir auf. Nein, ich bin noch nicht in

Weimar, aber der Herr Geheimrat wirft schon mal seinen langen Schatten voraus. Denn der Besitzer der Toskana Thermen in Bad Sulza hat neben sein Bad eine Nachbildung des berühmten Gebäudes stellen lassen. Doch ich kann meine Neugier zügeln und werde lieber das Original in Weimar besichtigen. Ab Kromsdorf bin ich jedoch endgültig im Bann Goethes. Am Promenadenweg, der durch den beschaulichen Landschaftspark entlang der Ilm führt, stehen Schilder mit seinen Weisheiten. Einmal heißt es: »Denken ist interessanter als Wissen, aber nicht als Anschauen.« Kurz darauf kann ich im Weitergehen über den Satz »Es ist ein angenehmes Geschäft die Natur zugleich und sich selbst zu erforschen« nachdenken. Das bald darauf folgende Schloss Tiefurt, der Sommersitz der Herzoginmutter Anna Amalia, in dem Goethe regelmäßig zu Gast war und Theateraufführungen inszenierte, ist so stilecht eingerichtet, dass ich fast darauf warte, dass der Dichter plötzlich zur Tür hereinkommt.

Ich war darauf gefasst, dass mir in Weimar der Personenkult und die Omnipräsenz Goethes auf die Nerven gehen würden. Aber ich bin von derartigen Gefühlen weit entfernt. Als ich es schaffe, kurz vor Schließung im Abendlicht allein in dem blühenden Garten seines Wohnhauses am Frauenplan zu sein, bin ich begeistert von dem hier inszenierten ästhetischen Gleichgewicht zwischen Künstlichkeit und Natur. Obwohl er in den letzten Lebensjahren sein Haus schon bewusst als Museum für die Nachwelt gestaltet hat, verlor Goethe dabei nie das menschliche Maß. Ich fühle mich nicht in kalten Repräsentationsgemächern, sondern glaube in diesen Räumen zu spüren, dass sie von einem Menschen gestaltet wurden, der das Leben liebte. So kann ich mir gut vorstellen, wie der junge Mendelssohn für Goethe auf dem Flügel im Salon spielte und die beiden so voneinander angetan waren, dass der alte Herr den Zwölfjährigen überreden konnte, für mehr als zwei Wochen bei ihm zu bleiben.

Während meiner Weimarer Spaziergänge erwacht in mir das Interesse, Goethes Verhältnis zu Christiane Vulpius nachzuspüren. An dieser Beziehung zeigt sich, wie sehr er in entscheidenden Augenblicken seiner eigenen sinnlichen Erfahrung vertraute. In seiner Liebe zu der von der feinen Gesellschaft als Flittchen angesehenen Freundin scheute der gelegentlich als Opportunist geschmähte Dichter nicht den Skandal. Er hielt dem Druck des Weimarer Adels stand und blieb damit nicht nur seiner Geliebten, sondern auch sich selbst treu. Das Gartenhaus sehe ich mir als das geheime Liebesnest des ungleichen Paares an und stelle mir vor, wie Christiane noch nach vielen gemeinsamen Jahren angefeindet wurde. Denn selbst nach der Heirat im Jahr 1806 taten sich die Weimarer schwer mit der nun endlich legitimen Ehefrau Goethes. Als Arthur Schopenhauers Mutter die Frischvermählte zum Kaffee einlud, rechtfertigte sie dies in einem Brief an ihren Sohn mit dem Satz: »Ich denke, wenn Goethe ihr seinen Namen gibt, können wir ihr wohl eine Tasse geben.«

Ich besuche die Sakristei der Jakobskirche, in der Christiane Vulpius und Goethe heimlich heirateten, während die Kirche selbst gerade durch die französische Besatzungsarmee als Feldlazarett zweckentfremdet wurde. Wenige Schritte davon entfernt steht auf dem romantischen Friedhof Christianes Grabstein, auf dem sich

ihr Dichtergemahl noch ein letztes Mal zu seiner Liebe bekennt:

Du versuchst, o Sonne, vergebens
Durch die düsteren Wolken zu scheinen!
Der ganze Gewinn meines Lebens
Ist, ihren Verlust zu beweinen.

In Weimar gehe ich zum ersten Mal einen Umweg, um eine der Lebensstationen Nietzsches zu sehen. Die Villa Silberblick, in der er von 1897 bis zu seinem Tode unter der Obhut seiner Schwester lebte, liegt ein Stück außerhalb des Stadtzentrums. Von Nietzsche selbst gibt es nur noch wenig Originales zu sehen, denn die Ausstellungsräume wurden nach seinem Tod im Jugendstil umgestaltet. Dafür kann ich in der Villa Silberblick die Geschichte des Missbrauchs seiner Gedanken verfolgen. Seine Schwester Elisabeth Förster-Nietzsche verfälschte als Nachlassverwalterin gezielt sein Werk, um es später für ihre Anbiederung an die Nationalsozialisten zu nutzen. Als sich Mussolini und Hitler trafen, schickte sie ein Telegramm, in dem sie den von ihr verehrten Staatsmännern versicherte, dass der Geist Nietzsches über ihnen schwebe.

Weimar Richtung Nordwesten verlassend, gehe ich bei trübem Nieselwetter langsam durch ungemähte Wiesen bergauf. Auf dem ehemaligen Übungsgelände der russischen Armee hütet heute ein Schäfer seine Herde. Im Aufsteigen gewinne ich einen guten Überblick über die Stadt und ihre Umgebung. Vor mir sehe ich den mächtigen Turm des zur Stalinzeit errichteten Mahnmals beim ehemaligen Konzentrationslager Buchenwald, auf den ich zusteuere. Von den hehren Stätten deutscher Hochkultur in Weimar liegt das KZ nur einen Fußweg von knapp zwei Stunden entfernt. Ein Weg, den die in der Stadt eingesetzten Häftlinge zusätzlich zu ihrer Arbeit tagtäglich zweimal zu bewältigen hatten. Eigentlich habe ich mir vorgenommen, heute nur diesen Weg nachzuvollziehen, um dann sofort weiterzugehen, da ich noch bis Erfurt kommen will. Aber es hält mich doch mehr als zwei Stunden in den Ausstellungsräumen des Konzentrationslagers, und ich fühle mich dabei wie jene Weimarer Bürger, die dem Grauen mit sprachlosem Entsetzen gegenüberstanden, als sie am Ende des Krieges hier hochgeführt wurden.

Schon in Bautzen war mir aufgefallen, wie sehr mein Urteil über manche Städte der ehemaligen DDR durch meinen Mangel an Informationen vollkommen fehlgeleitet war. Ich verband Bautzen mit dem berüchtigten Zuchthaus und hatte daher dort nichts Besonderes erwartet. Umso überraschter war ich, eine geschlossene historische Altstadt mit einem lebhaften städtischen Leben vorzufinden. Nun geht es mir mit Erfurt ähnlich. Der Amoklauf eines gekränkten Gymnasiasten hatte mein Vorurteil geprägt. Dabei treffe ich auf eine der schönsten alten Städte Deutschlands. Und dazu hat die Stadt ein Architekturjuwel dieses Jahrtausends zu bieten: In der eleganten Glasfassade des frisch eingeweihten Opernhauses spiegeln sich die raffinierten Wasserspiele des Vorplatzes. Ich bin beeindruckt, mit wie viel Energie, guten Ideen und Geschmack in Erfurt alte Bausubstanz gerettet und mit Neuem kombiniert wurde. Nur für das Hotel Erfurter Hof, in dem Willy Brandt bei seinem berühmten DDR-Besuch wohnte, wurde offensichtlich noch kein passender Investor gefunden. Das verlassene Gebäude modert vor sich hin. In dem Fenster, von dem sich Brandt den begeisterten Willy-Rufern zeigte, ist sein Porträt mit der Unterzeile »Danke Willy« befestigt. Im Erdgeschoss lese ich eine Gedenktafel mit der Aufschrift: »Jetzt wächst zusammen, was zusammengehört.«

Mit Arnstadt erreiche ich den Ort, von dem Bach zu seiner Wanderung zu Buxtehude in Lübeck aufgebrochen ist. Andächtig sehe ich mir die Kirche an, in der er vier Jahre tätig war und die Gemeinde durch seine ungestümen Orgelimprovisationen irritiert hatte. Doch noch besser gefällt mir das Denkmal auf dem Marktplatz, das keinen abgeklärten Großmeister zeigt, sondern einen übermütigen jungen Kerl, dem durchaus die Schlägerei zuzutrauen ist, derentwegen sich Bach 1706 vor einem Disziplinargericht verantworten musste.

Bei meinem Aufstieg in den Thüringer Wald bei gut 25 Grad komme ich kräftig ins Schwitzen. Aber nicht nur die Wärme macht mir Probleme. Obwohl ich mich von Arnstadt nach Ilmenau auf einer Wanderstrecke bewege, die mit dem Motto »Von Bach zu Goethe« beworben wird, ist die Wegbezeichnung chaotisch. An wichtigen Kreuzungen fehlt sie vollkommen, dann folgen an einem kerzengeraden Stück ohne Abzweigungen drei Markierungen kurz hintereinander. Einige Male muss ich mir mit dem Kompass weiterhelfen. Dann lande ich plötzlich vor einem gut zwei Meter hohen Metallzaun ohne Durchlass. Nur ein von weitem sichtbares Wanderzeichen hinter dem Zaun sagt mir, dass ich gerade hier weitermuss. Ein einheimisches Ehepaar erklärt mir diese Misere mit dem Auftauchen der alten Großgrundbesitzer nach der Wende und beklagt sich bitter: »Die wollen nur die Wälder ausbeuten, so gut es geht. Die Wanderwege sind denen egal.«

»Über allen Gipfeln ist Ruh« – überall in Ilmenau gibt es Postkarten zu kaufen, die daran erinnern, dass Goethe, der regelmäßig als Inspektor der Bergwerke seines Fürsten hier zu tun hatte, am 6. September 1780 auf die Wand einer Schutzhütte im Wald bei Ilmenau eines seiner bekanntesten Gedichte geschrieben hat. Zwar ist die ursprüngliche Hütte längst abgebrannt, doch an der Stelle steht eine Kopie. So kann ich gut die Wehmut Goethes nachempfinden, als er über 50 Jahre später am Vorabend seines 82. Geburtstags hierher zurückkehrte, um von den Brettern die Schlusszeile des Gedichtes abzulesen: »Warte nur, balde ruhest Du auch.«

Auf dem Rennsteig, Deutschlands bekanntestem Wanderweg über die Höhe des Thüringer Waldes, kann ich mich nicht verirren. Die Beschilderung ist so reichlich, dass ich mich auf die Landschaft konzentrieren kann, die mich an die Vogesen erinnert. Viele bis zu 500 Jahre alte, kunstvoll behauene Steine mit ständig wechselnden Wappen zeigen, dass ich mich auf einem ehemaligen Grenzweg befinde. Hier begegnet mir eine Gruppe von Rentnern, angeführt von einem Fähnchenträger, die mich alle mit »Gut Runst« begrüßen. Auf meine erstaunte Nachfrage erfahre ich, dass dies der Gruß des Rennsteigwandervereins ist, der auf der Jahreshauptversammlung 1904 offiziell eingeführt wurde. Leider habe ich kaum

Gelegenheit, mein frisch erworbenes Wissen anzuwenden, denn es sind nur wenige Wanderer unterwegs. Auf mehr Menschen treffe ich nur in einer Baude, wie die Gaststätten am Rande des Weges genannt werden, wo ich mit deftigem Essen und deutscher Gemütlichkeit reichlich versorgt werde. Dank zahlreicher Schutzhütten kann ich in dieser Gegend trotz etwas unsicheren Wetters problemlos draußen übernachten.

Das enge Steinachtal durchschneidet einen der südlichsten Zipfel des Thüringer Waldes. Hier besuche ich das Ehepaar Rohde. Ihr Dialekt erinnert daran, dass ich nur noch wenige Kilometer von der Grenze nach Franken entfernt bin. Die beiden sind um die Achtzig. Früher hatten sie in einer mittlerweile längst abgewickelten Fabrik gearbeitet. Als die Mauer 1989 fiel, waren sie gerade frisch berentet. Obwohl sie keine treuen Parteigänger waren, hatten sie es sich in den Jahren zuvor in diesem hintersten Winkel des Arbeiter- und Bauernstaates gut eingerichtet. Durch die Entfernung von der Parteizentrale in Berlin war der sozialistische Gang der Dinge hier etwas weniger streng geregelt. Manchen Versorgungsengpass der DDR-Mangelwirtschaft konnten sie durch ihre Nebenerwerbslandwirtschaft abmildern, und die Tatsache, dass es vieles nicht zu kaufen gab, kompensierte Herr Rohde durch sein handwerkliches Geschick. Den Traktor aus der Vorkriegszeit reparierte er selbstverständlich selbst, den Anhänger dazu hatte er aus alten Teilen zusammengebaut. Außerdem zeigt er mir eine selbst konstruierte Holzhackmaschine, und im Garten steht noch eine Hollywood-Schaukel mit einem alten Metallbettrost als Sitzfläche. Manches, was vor der

Wende Ausdruck einer geschickten Überlebensstrategie war, wirkt heute kurios, aber ansonsten scheint sich seither nicht viel verändert zu haben. Trotzdem ist Herr Rohde über die politische Entwicklung der letzten Jahre nicht glücklich. Er verbindet mit ihr alles Bedrohliche und Unbekannte, mit dem er sich in seinem Alter nicht mehr auseinander setzen will. Ihm missfällt die Hektik, die seit der Wende in der Gegend ausgebrochen ist. Und obwohl er sich über seine eigene Rente keine Sorgen zu machen braucht, leidet er mit den Kindern und Enkeln an der Unsicherheit der Arbeitsplätze. Als er mir zum Abschied die Hand gibt, will er aber doch noch etwas Positives sagen. »Ein Gutes hat der Schröder: dass er bei dem Krieg gegen den Irak nicht mitgemacht hat. Krieg, das ist das Schlimmste.«

Am Fuß des Thüringer Waldes, wo sich das Steinachtal in die Ebene nach Süden öffnet, liegt das Städtchen Sonneberg. Vor der Wende lag dieser Ort am Ende der DDR-Welt; wer hier herwollte, benötigte wegen der Grenznähe einen speziellen Passierschein. Von der Anhöhe über der Stadt hat man einen weiten Blick ins Frankenland, damals also in den feindlichen Westen. Man erzählt mir, dass die Leute am Sonntag manchmal hier auf den Hügel gingen, um verbotenerweise mit dem Fernglas westliche Angehörige zu sehen, die ihnen von der anderen Seite zuwinken konnten. In Sonneberg kann ich in der Datscha von Kurt und Birgit übernachten. Die beiden sind gute Gesprächspartner, um über meine nun zu Ende gehende zweimonatige Wanderung durch die Ex-DDR Bilanz zu ziehen. In ihrer Studienzeit wurde Birgit von der Universität verwiesen und für ein Jahr zur »Bewährung in der Produktion« in ein Chemiewerk gesteckt. Anlass war, dass in ihrem Wohnheimzimmer ein Werbeplakat der Bundesbahn entdeckt wurde, das Deutschland in den Grenzen von 1937 zeigte.

Kein Wunder also, dass das Ehepaar die Wende herbeigesehnt und in der entscheidenden Phase aktiv mit betrieben hatte. Begeistert fuhren sie nach der Grenzöffnung los, um sich zum ersten Mal in den Nachbarorten umzusehen, die für sie jahrzehntelang in Sichtweite, aber doch unerreichbar waren. Doch bald folgte die Ernüchterung. An ihrem ehemals ruhig gelegenen Haus brauste nun Tag und Nacht der Durchgangsverkehr vorbei, und mit dem Niedergang der Sonneberger Spielwarenindustrie verloren sie ihre vorher sicher geglaubten Arbeitsplätze. Doch mittlerweile haben sie es längst geschafft, sich beruflich neu zu etablieren. Aber was sie aus DDR-Zeiten auch heute noch vermissen, erfahre ich, als ich Kurt beim Grillen im Garten bewundere, wie routiniert und virtuos er das Feuer kontrolliert und die Würstchen wendet. »Das habe ich im Betrieb gelernt.« Jeden Freitag wurden dort zur Einstimmung auf das bevorstehende Wochenende während der Arbeitszeit Sonneberger Bratwürste gegrillt. Das konnte auch ein linientreuer Betriebsleiter nicht verhindern, schließlich hat er regelmäßig auch eins bekommen. »Vor der Wende gab es in allen Bereichen einen kameradschaftlichen Zusammenhalt, und man hat sich gegenseitig geholfen. Heute kennt man manchmal kaum mehr die Nachbarn. Doch in letzter Zeit erinnern sich immer mehr Leute daran, was da verloren gegangen ist, und versuchen, sich wieder darauf zu besinnen.«

Die Rückkehr

Coburg – Bad Staffelstein – Bamberg – Erlangen – Fürth – Nürnberg – Nördlingen – Königsbronn – Heidenheim – Lonetal – Schopfloch – Tübingen

Mit Bangen hatte ich vor fast zwei Monaten an der Ostsee die neuen Bundesländer betreten, mit Bedauern verlasse ich sie wieder. Nicht nur deshalb, weil alle vorher gehegten Befürchtungen sich als gegenstandslos erwiesen haben. Nein, das Leben im Osten war für mich sogar angenehmer als die vorangegangene sechswöchige Wanderzeit durch die alten Bundesländer. Zwar bekam ich immer wieder die Klage zu hören, dass die gegenseitige Hilfsbereitschaft seit der Wende nachgelassen habe. Doch gleichzeitig konnte ich erfahren, dass davon immer noch mehr als im Westen übrig geblieben ist. Die Menschen haben es mir leicht gemacht, ihr für mich bisher unbekanntes Land zu entdecken. Während ich als Wanderer im Westen immer wieder mit Misstrauen zu kämpfen hatte, fiel es mir im Osten wesentlich leichter, Kontakte zu knüpfen. Auf diese Weise habe ich mich in den neuen Bundesländern zunehmend zu Hause gefühlt.

Coburg ist kein schlechter Ort, um einen in die Städte der ehemaligen DDR verliebten Wanderer wieder an den Westen zu gewöhnen. Dies hängt sicher auch damit zusammen, dass die bundesrepublikanische Randlage die Stadt in einen Dornröschenschlaf versetzt hatte, die sie in der Nachkriegszeit vor unschönen Veränderungen bewahrte. So finde ich unter der schon von der Ferne sichtbaren Veste eine unzerstörte mittelalterliche Innenstadt und dazu noch die Überbleibsel der Provinzfürstenherrlichkeit vergangener Jahrhunderte. Sogar die englische Königin Victoria war mehrmals hier, um die Heimat ihres Gemahls, des Herzogs von Sachsen-Coburg und Gotha, zu besuchen, und der Schlossplatz mit dem fürstlichen Hoftheater gab diesen Visiten einen würdigen Rahmen. Eine Ausstellung im Stadtmuseum informiert mich allerdings über eine weniger rühmliche Episode in der jüngeren Geschichte. Mit tatkräftiger Unterstützung des letzten Coburger Herzogs gewannen die Nationalsozialisten 1929 zum ersten Mal in Deutschland die Mehrheit in einem Stadtrat. Die in Coburg erprobte Mischung von vordergründig bürgerfreundlichen populistischen Aktionen, Terror und systematischer Besetzung von Schlüsselpositionen mit Parteifreunden wurde für die Machtergreifung in anderen deutschen Städten modellhaft.

Am frühen Abend erreiche ich mit den ersten Tropfen eines heftigen Gewitterschauers ein Lokal am Rand von Bad Staffelstein. Die Gaststube ist verraucht und voll. Ich finde einen Platz an einem großen Tisch. Ein knapp 60-jähriger Mann mit hochrotem Kopf führt das Wort, angefeuert durch die lauten Lacher der Urlaubsgäste. Die Bedienungen schleppen schwitzend Bierkrüge und Teller mit riesigen Portionen. Mein großer Rucksack fällt auf, und ich werde sofort ausgefragt. Neben mir sitzt ein Rentnerehepaar aus dem Saarland. Die Frau erklärt mir immer wieder, dass ich in jedem Ort einen Stempel hätte verlangen sollen, um zu beweisen, wo ich überall war. Da ich eine derartige Menschenansammlung nicht mehr gewöhnt bin, reagiere ich verstockt und einsilbig. Mir wird ganz schwindlig. Nach dem Essen will ich so schnell wie möglich wieder raus.

Es macht mir nicht einmal besonders viel aus, dass ich

im Ort bei mehreren Anfragen die Antwort erhalte, dass alle Zimmer belegt seien. Obwohl es wieder zu regnen anfängt, mache ich mich lieber noch einmal in die dunkle Nacht auf. Vielleicht hätte ich am späten Nachmittag die Einladung eines freundlichen Ehepaars annehmen sollen, in deren Einfamilienhaus zu übernachten. Aber andererseits passt es gerade zu meiner Stimmung, alleine durch den Regen zu gehen.

Ich habe keine genaue Vorstellung, wohin ich gehe. Rechts von mir fließt irgendwo der Main, aber ich kann mich bei Dunkelheit und Dauerregen kaum orientieren. Hin und wieder leuchten in der Ferne Autoscheinwerfer auf, die sich in meinen nassen Brillengläsern reflektieren. An Wegkreuzungen ziehe ich mehrfach meinen Kompass aus der Tasche und orientiere mich in Richtung Süden. Gegen elf Uhr komme ich zu einer Mainbrücke, darunter finde ich ein trockenes Plätzchen. Endlich habe ich mein Nachtquartier gefunden. Zum ersten Mal in meinem Leben bin ich nachts unter einer Brücke gelandet. Es geht mir nicht schlecht dabei. Ein wenig mache ich mir Sorgen, ob mich der ansteigende Wasserpegel noch vertreiben könnte, aber abgesehen davon habe ich alles, was ich für meine Nachtruhe brauche.

In der Morgendämmerung hat der Regen endlich aufgehört, über dem Flusstal liegt dichter Nebel. Ein Schluck aus der Wasserflasche genügt als erstes Frühstück, dann ziehe ich weiter. Es liegt eine majestätische Ruhe über der Natur. Außer mir ist an diesem frühen Samstagmorgen kein Mensch unterwegs. Langsam zieht der aufsteigende Nebel seinen Schleier von der kräftig grünen Wiesenlandschaft. Durch die wandernden Nebelschwaden entstehen wie bei wechselnden Bühnenbildern im Theater immer wieder neue, sich verändernde Räume und Beleuchtungen. Ich bewege mich rasch, um das Frösteln wegen meiner feuchten Bekleidung zu bekämpfen. Gleichzeitig beobachte ich gebannt dieses faszinierende Naturschauspiel. Nein, schönes Wetter muss nicht immer gleichbedeutend mit strahlendem Sonnenschein sein.

In Rattelsdorf finde ich eine Bäckerei mit Stehcafé. Eine ganze Wand des Ladens ist mit Bildern des Basketballsuperstars Dirk Nowitzki geschmückt. Die Bäckersfrau erzählt, dass der aus der Gegend stammende Nowitzki regelmäßig bei ihr den Schlüssel abholt, wenn er in der Sommerpause der US-Profiliga in der hiesigen Halle trainiert. Mit der Zeit hat sie eine stattliche Andenkensammlung an den Sportlegionär zusammengebracht, über die sogar schon Deutschlands größte Tageszeitung berichtete. So kann ich ein Paar signierte Basketballschuhe bewundern und eine Mütze, auf der sich Nowitzki mit dem Satz verewigt hat: »Der besten Bäckerei der Welt.« Und hier darf ich frühstücken!

Es ist Samstag, der 12. Juni. Der vorangegangene Fronleichnamsfeiertag beschert vielen Arbeitnehmern ein langes Wochenende. Deshalb herrscht in Bamberg heute Hochbetrieb. Doch vielleicht bin ich auch von den vergangenen Tagen zu erschöpft, um mich für die zum Weltkulturerbe geadelte Innenstadt begeistern zu können. Mir fällt es sogar schwer, eine passende Wirtschaft fürs Abendessen zu finden. Mein Zimmerwirt hatte mir eine zünftige Brauereigaststätte empfohlen. Dort drängen sich schon im Gang die Gäste mit ihren Bierkrügen. Am Tresen steht ein Mann mit einem eng über dem Bauch spannenden T-Shirt, auf dem ich den Aufdruck lesen kann: »Die Dünnen sind nur zu dumm zum Essen.« In der Gaststube wird gesungen: »Sie war das allerschönste Kind, das man in Polen find', aber eins, aber eins sprach sie, ich küsse nie.« Es gibt Tage, an denen ich mich über derartige Folklore amüsieren kann, heute löst sie nur meinen Fluchtreflex aus. Im Osten hatte ich in den letzten Monaten immer wieder alkoholisierte Menschen gesehen, die einen eher depressiven und zurückgezogenen Eindruck auf mich gemacht hatten. Die auftrumpfend gesellige Variante des Alkoholismus, die ich hier zu sehen bekomme, mutet mich noch befremdlicher an.

Von Bamberg gehe ich entlang des Main-Donau-Kanals Richtung Süden. Der Weg ist bequem und enthebt mich aller Orientierungsschwierigkeiten. So kann ich in Ruhe die Landschaft und die sich im Wasser spiegelnden Wolken studieren. Um in Erlangen eine Unterkunft zu finden, folge ich Hinweisschildern zur Touristen-Information, da ich dort auf eine Informationstafel mit Zimmernachweisen hoffe. An dem angegebenen Ort finde ich jedoch nur einen Zettel des Erlanger Tourismus und Marketing Vereins, der das »City-Management« der Stadt betreibt. Er weist mich darauf hin, dass die Touristen-Information umgezogen ist. Doch auch mein Versuch, das Büro an der neuen Adresse aufzusuchen, scheitert: Es befindet sich in einer Einkaufspassage, die nach Geschäftsschluss geschlossen wird.

So gerate ich auf meiner planlosen Suche durch die Innenstadt an den Eingang einer Pension, deren Tür verschlossen ist. Interessenten werden an eine Telefonnummer verwiesen. Eine sympathische Frauenstimme meldet sich, der Zimmerpreis ist niedrig, wir werden

uns schnell einig. Die Frau nennt mir telefonisch einen Code zum Öffnen der Haustür und erklärt mir, wo ich den Schlüssel finde. Dann verabschiedet sie sich: »Wir sehen uns morgen beim Frühstück.« Mein kleines, weiß gestrichenes Zimmer ist einfach, aber zweckmäßig eingerichtet. Am Morgen überrascht mich die Wirtin, eine lebenslustige Mittfünfzigerin, mit einem liebevoll zubereiteten Frühstück. Neben verschiedenen Schinkensorten offeriert sie mir leckeren Käse und selbst gemachte Marmelade und fordert mich am Ende sogar auf, ein paar belegte Brötchen für den Tag mitzunehmen. Ich äußere meine Verwunderung, dass sie mich gestern nach einem kurzen Telefonat ohne jede Sicherheiten ins Haus gelassen hat. Sie jedoch will sich nicht zu viele Sorgen machen: »Ich verlasse mich einfach auf mein Gefühl. Wenn ich mal reinfalle, müsste ich wahrscheinlich etwas ändern. Aber in den letzten 20 Jahren habe ich mich nie getäuscht.«

Ich hatte mir überlegt, von Fürth nach Nürnberg die alte Strecke der ersten deutschen Eisenbahn nachzugehen. Als ich eine eingesessene Fürtherin danach frage, empfiehlt sie mir stattdessen, einen Weg entlang der Pegnitz zu nehmen, der viel schöner sei. Trotzdem lasse ich mich von meiner Idee nicht abbringen und muss dabei die Erfahrung machen, wie begründet der Rat der Frau war. Denn wo man damals ein paar Gleise für die neu erfundene Eisenbahn über die Felder gelegt hatte, beherrschen die modernen Verkehrsmittel inzwischen alles. Die Bahnlinie und eine vielspurige Straße bilden eine lärmende Verkehrsachse, die die Umgebung unbewohnbar gemacht hat.

Von der Nürnberger Innenstadt bin ich auf den ersten Blick ein wenig enttäuscht. Warum dies so ist, wird mir erst an einem Modell von 1945 klar, das zeigt, in welchem Ausmaß die Altstadt im Krieg zerstört wurde. Ein geschlossenes mittelalterliches Stadtbild ging verloren. Doch mit einem zweiten und sozusagen archäologischen Blick kann ich mich bei meinen Spaziergängen für die Stadt begeistern. Kein einheitliches Stadtbild, sondern die Mischung der Bauten aus verschiedenen Epochen macht die Stadt interessant. Und erst mit diesem Blick kann ich das gesamte Spektrum von den Butzenscheiben des Dürer-Hauses bis zur schicken Glasfront des Museums für Moderne Kunst würdigen.

Im Germanischen Nationalmuseum drohe ich mich zwischen den angehäuften alten Kunstwerken zu verlieren. Erst bei der Malerei des 20. Jahrhunderts finde ich für mich einen Zugang. Bekanntes wie die Kunst des Bauhauses, der Expressionisten und Surrealisten wird mir verständlicher durch die hier praktizierte Gegenüberstellung mit vergessenen oder nicht mehr geschätzten Kunstrichtungen des vergangenen Jahrhunderts. Auch faschistische Kunst und Werke des sozialistischen Realismus werden zum Vergleich präsentiert. Mich fasziniert, wie viele verschiedene Sichtweisen auf eine einzige Welt möglich sind.

Beim Verlassen von Nürnberg begegnet mir ein Gebäude, das sich wie eine offene Wunde präsentiert. Auf dem ehemaligen Reichsparteitagsgelände steht immer noch der unfertige Torso der an das römische Kolosseum erinnernden Kongresshalle, die ursprünglich über 50000 Leute aufnehmen sollte. Wie ein Pfeil durchbohrt der

Neubau eines Dokumentationszentrums aus Stahl und Glas dieses monströse Gebäude der Nazis. Das benachbarte Zeppelinfeld, während des Dritten Reiches Schauplatz gigantischer Massenaufmärsche, ist mittlerweile ein Sportgelände. Aber durch die noch erhaltene Tribüne bleibt der Größenwahn der Naziherrscher auch heute noch unmittelbar erlebbar.

Nachdem ich das Ballungsgebiet um Nürnberg hinter mir gelassen habe, bewege ich mich geruhsam durch ländliche Regionen. Von den Ortschaften, die ich berühre, war mir bisher allein Wolframs-Eschenbach als Heimatort des Minnesängers ein Begriff. Die Landschaft ist meist ein wenig hügelig. In einem der zahlreichen Wälder, die ich durchquere, suche ich vergeblich nach Resten des in meiner Karte eingetragenen Limes.

Bei dem Städtchen Oettingen verändert sich plötzlich das Landschaftsbild. Vor mir liegt eine unbewaldete Ebene, die fast kreisrund von einem etwas erhöhten Saum begrenzt wird. Noch in der Schule wurde mir beigebracht, dass das Nördlinger Ries ein erloschener Vulkankrater sei. Erst 1961 konnte ein amerikanischer Wissenschaftler nachweisen, dass hier vor 15 Millionen Jahren ein gewaltiger Meteorit mit einem Durchmesser von über einem Kilometer auf die Erde traf. Nach dieser Katastrophe, die in einem Umkreis von mindestens 100 Kilometern alles Leben auslöschte, bildete sich in dem Krater zwei Millionen Jahre lang ein See, der mittlerweile längst ausgetrocknet ist. In geschichtlicher Zeit wurde das Ries zu fruchtbarem Ackerland. Im Mittelpunkt dieser Ebene liegt die ehemalige freie Reichsstadt Nördlingen. Die Aussicht von dem 90 Meter hohen Kirchturm verschafft mir einen herrlichen Rundblick bis hin zur Schwäbischen Alb. Die kreisrunde mittelalterliche Altstadt mit der vollkommen erhaltenen Stadtmauer wirkt wie ein Reliefmodell der sie umgebenden Rieslandschaft.

Wer kennt nicht Graf von Stauffenberg oder die Geschwister Scholl? Georg Elser dagegen ist vielen unbekannt. Das ist erstaunlich, denn immerhin kam dieser einfache Schreiner von der Schwäbischen Alb dem Ziel, Hitler zu beseitigen, mit seinem Hofbräu-Attentat im Jahre 1939 am nächsten. Seit Jahren schon hege ich Sympathie für Elser, von dem ich in meiner Schulzeit nie etwas gehört hatte. Damit verbindet sich das diffuse Gefühl, dass es ungerecht ist, dass dieser Mann so wenig gewürdigt wird. Aber eigentlich weiß ich bisher viel zu wenig über ihn. Das wird sich heute hoffentlich ändern. Gestern Nachmittag habe ich im Nördlinger Internetcafé recherchiert, dass es auf meinem Weg in Elsers Heimatort Königsbronn eine Gedenkstätte gibt, die allerdings nur am Wochenende geöffnet ist. So verzichte ich darauf, mich in der Landschaft des Riesrandes noch einmal genauer umzusehen. Auch die Benediktinerabtei Neresheim mit ihrer berühmten Barockkirche lasse ich links liegen und marschiere zügig über die Alb bis zum Ursprung der Brenz. In Königsbronn muss ich dreimal fragen, bis mir ein junger Mann erklären kann, wo die Elser-Gedenkstätte ist. Immerhin schaffe ich es, noch rechtzeitig vor der Schließung zu kommen.

Schon 1938 war Georg Elser überzeugt, dass Hitler einen Krieg vorbereitet. Er hatte sich daher ohne einen einzigen Mitwisser dazu entschlossen, dies durch sein Attentat zu verhindern. Während eines ganzen Jahres, in dem der heraufziehende Krieg seine Befürchtungen bestätigte, stellte Elser sein gesamtes Leben auf die Vorbereitung des Anschlags ein. Er nahm eine Stelle in einem Bergwerk an, um an Sprengstoff zu kommen. Als er genügend beiseite geschafft hatte, wurde er durch einen Unfall arbeitsunfähig. Er zog nach München, um das Attentat vor Ort minuziös vorzubereiten. Aus frei erhältlichen Materialien bastelte er einen perfekt funktionierenden Zeitzünder. Es gelang ihm, sich viele Nächte lang im Hofbräuhaus einzuschleichen, die Säule direkt neben Hitlers Rednerpult auszuhöhlen und dort den Sprengstoff zu deponieren. Es ist kaum vorstellbar, welche Wendung die deutsche Geschichte genommen hätte, wenn Hitler an diesem Tag nicht ein paar Minuten früher als geplant den Hofbräukeller verlassen hätte.

Obwohl Elser kurz darauf bei dem Versuch, sich in die Schweiz abzusetzen, gefasst und als Täter zweifelsfrei ermittelt wurde, hielten sich bis weit in die Nachkriegszeit in der Öffentlichkeit zwei unterschiedliche Verschwörungstheorien. Die Nazis selbst waren zunächst fest davon überzeugt und hielten aus propagandistischen Gründen öffentlich daran fest, dass hinter einer derart professionell ausgeführten Tat ein ausländischer Geheimdienst stecken müsse. Die zweite Verschwörungstheorie wurde noch 1947 von dem Theologen Martin Niemöller in einem Brief an Elsers Verwandte vertreten: Elser sei ein Agent der SS gewesen, und das Attentat samt seinem Scheitern von den Nazis selbst zu Propagandazwecken inszeniert worden. Ausgerechnet die in den 60er Jahren aufgefundenen Gestapo-Vernehmungsprotokolle belegen jedoch eindeutig sowohl seine alleinige Täterschaft als auch seine lauteren Motive.

Auf den ersten Blick erscheint es unverständlich, dass Elser nicht spätestens seit dieser Zeit in die erste Reihe der antifaschistischen Widerstandskämpfer gestellt wurde. Aber vielleicht ist die Wahrheit über Elser für die deutsche Öffentlichkeit zu schmerzlich. Die Tatsache, dass ein einfacher schwäbischer Handwerker schon 1938 erkennen konnte, welche Pläne Hitler verfolgte, und sogar in der Lage war, ein Erfolg versprechendes Attentat zu verüben, passt nicht zu der oft gehörten Ausrede: Wir konnten es ja nicht wissen, und außerdem hätten wir eh nichts dagegen machen können. So wird es vermutlich noch eine Weile dauern, bis in jeder großen deutschen Stadt eine Schule oder Straße nach Georg Elser benannt wird.

Heute ist der längste Tag des Jahres. Von Heidenheim gehe ich an der glasgrünen Brenz entlang, die sich durch die Schwäbische Alb ihr Tal Richtung Süden bis zur Donau gebahnt hat. Am Nachmittag wechsle ich über einen Höhenzug in das Lonetal, das mich nach Westen und damit endgültig in Richtung Tübingen führen wird. Ich fühle ich mich schon fast wie zu Hause. Die Alblandschaft mit ihren Kalksteinfelsen und den kargen Wiesen ist mir seit der Kindheit vertraut und hat für mich eine ganz selbstverständliche Schönheit. Am Nachmittag lasse ich mich durch die Charlottenhöhle führen, eine der zahlreichen Tropfsteinhöhlen in der Gegend. Der schwäbische Dialekt der Führerin gibt mir das Gefühl, wieder daheim anzukommen.

Am Abend komme ich zur Vogelherdhöhle. Wenn es auf der Welt überhaupt so etwas wie magische Plätze gibt, dann ist dies einer davon. Die etwa 40 Meter lange Höhle liegt auf einer Anhöhe über dem Lonetal, umgeben von einem natürlichen Felsengarten. Die Abendsonne beleuchtet eine Blütenpracht mit zartrosa blühenden Hundsrosen, gelben Steinkräutern, tiefblauem Wiesensalbei und pinkfarbenen Taglichtnelken. Einige knorrige Bäume haben es geschafft, sich zwischen den Felsen zu verwurzeln. Zwei hohe Eingänge führen in das Höhleninnere mit mehreren gewölbeartigen Räumen. Hier wurden einige der ältesten bekannten menschlichen Kunstwerke gefunden. Etwa 35 000 Jahre waren die aus Mammutelfenbein geschnitzten Kleinplastiken eines Wildpferdes, eines Mammuts, eines Höhlenlöwen und eines Panthers hier versteckt, bevor sie 1932 entdeckt wurden. An diesem vermutlich schon von den Steinzeitmenschen als heilig angesehenen Ort bin ich während des ganzen Abends vollkommen allein. Nur die Geräusche der in der Ferne vorbeifahrenden Autos erinnern mich daran, dass ich im Industriezeitalter lebe. Zum Schlafen lege ich mich unter einen Baum beim Höhleneingang. Als es in der Nacht zu tröpfeln anfängt, ziehe ich mich in die Höhle zurück.

Gegen Ende meiner Reise verwildere ich zusehends. Das warme Frühsommerwetter verlockt mich immer häufiger, im Freien zu übernachten. Nach einem Tag in freier Natur habe ich keine Lust, Geld dafür zu bezahlen, um mich schon am frühen Abend in einen geschlossenen Raum einzusperren. Und dem Reinlichkeitsbedürfnis kann ich nun gelegentlich auch in einem Freibad oder See nachkommen. So ziehe ich es auch heute vor, nach einem Abendessen in Westerstetten noch eine Zeit in der Dämmerung zu gehen, um mir dann einen Schlafplatz im Wald zu suchen.

Meine letzten Wandertage sind ganz leicht. Ich kenne mich aus, immer wieder kreuze ich Straßen, auf denen ich schon öfter gefahren bin. Die wenigen Orte mit einem Zentrum von eternitverkleideten schmucklosen Bauernhäusern und neugebauten Einfamilienhäusern am Ortsrand interessieren mich wenig. Dafür genieße ich umso mehr die Natur. So intensiv wie nie zuvor erlebe ich die herbe Schönheit der Alb mit ihrer heideähnlichen Landschaft.

Ein entfernter Bekannter, der von Tübingen nach Santiago de Compostela gegangen war, hatte sich, so wurde mir berichtet, mit dem Gedanken getragen, auch den Rückweg zu Fuß zu bewältigen. Seine Frau habe ihm jedoch gedroht: »Wenn mich die Leute nach dir fragen, habe ich bisher gesagt, dass du gerade verreist bist. Wenn du das machst, werde ich in Zukunft sagen: ›Der wohnt nicht mehr hier.‹« So setzte er sich in den Zug und fuhr direkt zurück.

Ich bin dagegen froh, dass meine Familie einverstanden ist, dass ich auch meinen Rückweg zu Fuß unternehme und mir daher der Kulturschock einer plötzlichen Heimkehr von einem fernen Ziel erspart bleibt. Seit dem Wendepunkt an der Ostsee bin ich mir bewusst, dass ich mich auf mein Zuhause zubewege, und habe daher Zeit, mich wieder darauf einzustellen. Mein Ziel ist identisch mit meinem Ausgangspunkt, und nun schließt sich langsam der Kreis. Aber indem ich mich auf meinem Gang über die Hochfläche der Schwäbischen Alb meinem sesshaften Alltag wieder annähere, hoffe ich, dass es mir gelingen wird, etwas von meiner Wanderung in ihn hineinzunehmen.

Als ich in Schopfloch ankomme, hochzufrieden mit dem Wandertag durch die frühsommerliche Alblandschaft, ist die erste Halbzeit schon vorbei. Bei der Fußballeuropameisterschaft steht es im für die Deutschen entscheidenden Spiel gegen Tschechien 1:1. Doch die Mädchen im Trikot der deutschen Mannschaft mit schwarz-rot-gold bemalten Gesichtern, denen ich während der Pause auf der Dorfstraße begegne, haben keinen Zweifel daran, dass ihr Idol Kevin Kuranyi demnächst das entscheidende Tor schießen wird. In der Dorfkneipe stellt mir der Wirt hastig eine dicke Scheibe gerauchte Schinkenwurst mit Senf und ein Bier hin, dann muss auch er wieder vor den Fernseher. Nur wenige Minuten sitze ich alleine, bevor ich aufgefordert werde, mit in die Männerrunde des Stammtisches zu kommen. Kurz darauf bietet mir mein Nachbar seinen Bauwagen als Nachtquartier an.

Die dörfliche Runde ist mit dem Verlauf des Spiels nicht einverstanden. Während die deutsche Mannschaft vergeblich auf das tschechische Tor stürmt, werden meine Tischgenossen immer ungnädiger. Ein gequälter Aufschrei folgt Michael Ballacks Pfostenschuss, die anschließenden deutschen Angriffsaktionen werden nur noch mit erbitterter Häme kommentiert. Der Ärger über das überraschende tschechische Führungstor in der 77. Minute wird mit Bier heruntergespült. Nach dem Abpfiff hilft nur noch Schnaps. Der Wirt hat seine liebe Mühe, den bestellten Runden nachzukommen, während sich die verbalen Attacken auf die faulen Fußballmillionäre häufen. Die enttäuschten Fans fühlen sich von Rudi Völlers Rumpeltruppe um den Deutschland zustehenden Sieg betrogen. Ein stämmiger Maurergeselle prahlt damit, dass er vor ein paar Monaten Kuranyi in einer Wirtschaft gesehen habe, und verkündet jetzt, dass er dem glücklosen Mittelstürmer bei nächster Gelegenheit eine kräftige Abreibung verpassen werde.

Mir wird immer unwohler, nicht nur, weil auch ich inzwischen viel zu viel getrunken habe. Ich getraue mich nicht einmal, Banalitäten zu äußern. Zum Beispiel, dass Fußball schließlich nur ein Spiel und der Ball eben rund ist. Erst recht verschweige ich, dass ich Sympathien dafür hege, wenn ein David es schafft, den Goliath zu besiegen. Auf die angebotene Übernachtungsmöglichkeit verzichte ich unter diesen Umständen lieber. Mit einer fadenscheinigen Ausrede mache ich mich aus dem Staub. Obwohl mein Gang etwas schwankend und unsicher ist, gehe ich noch ein gutes Stück in den Wald. Die Sonne steht schon hoch über den Bäumen, als ich am Morgen mit leichtem Kopfbrummen aufwache.

Das Ende meiner Reise genieße ich bedächtig und bewusst, wie einen guten Wein. Ich hatte mich vor einiger Zeit für einen bestimmten Tag zu Hause angekündigt und bin jetzt früher dran, sodass ich es nicht eilig habe. Das ist angenehm. Die vertraute Landschaft erspart mir die Unsicherheit, die ich auf unbekanntem Terrain in den letzten Monaten gelegentlich empfand, trotzdem erlebe ich sie aus der Sicht des ungebundenen Wanderers vollkommen neu. Von den Felsen des Albrandes schaue ich in die vor mir liegende Ebene und denke über meine zurückliegende Wanderzeit nach. Ein wenig sorge ich mich, wie ich mit meinem häuslichen Alltag wieder zurechtkommen werde. Gegenüber meiner derzeitigen Existenz erscheint mir das sesshafte Dasein unendlich kompliziert und schwierig. Aber irgendwie wird es schon gelingen, mich wieder zu resozialisieren.

Gegen Abend gehe ich in ein Thermalbad am Albrand, das ich mit dem Auto von Tübingen aus schon öfter besucht habe. Aber spätestens, als mein Rucksack nicht in den Schrank der Umkleidekabine passen will, bekomme ich zu spüren, dass ich heute eben nicht nur auf einem kurzen Ausflug von zu Hause aus hier bin. Für die Nacht hatte ich mich darauf eingestellt, von der Höhe des Jusi einen weiten Rundumblick bis nach Tübingen und Stuttgart zu genießen. Doch bei meiner Ankunft ist der Rastplatz schon von einer Schülergruppe belegt, sodass ich mich wieder einmal in den Wald zurückziehe.

Meine jüngste Tochter will mich mit dem Hund auf meinem nach vier Monaten letzten Wandertag begleiten. Als wir uns treffen, vollführt der Hund zur Begrüßung einen Freudentanz. Meine Tochter sagt nur »Tag, Paps«. Ich freue mich insgeheim so sehr wie der Hund, dass sie mir ein Stück entgegenkommt.

Wir kommen überraschend früh zu Hause an. Deshalb sind wir bei der Ankunft alleine, und ich habe Zeit, mich in Ruhe umzusehen. Unser Haus kommt mir sehr schön vor, aber fremd wie eine neu entdeckte Sehenswürdigkeit.